中华精神家园

杰出人物

画界巨擘

绘画名家与绝代精品

肖东发 主编　谢登华 编著

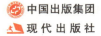

中国出版集团

现代出版社

图书在版编目（CIP）数据

画界巨擘 / 谢登华编著. — 北京：现代出版社，
2014.11（2020.01重印）
（中华精神家园丛书）
ISBN 978-7-5143-3092-2

Ⅰ．①画… Ⅱ．①谢… Ⅲ．①书画家－生平事迹－中
国－古代 Ⅳ．①K825.72

中国版本图书馆CIP数据核字（2014）第259200号

总策划：陈恕

画界巨擘：绘画名家与绝代精品

总 策 划： 陈 恕
主 编： 肖东发
作 者： 谢登华
责任编辑： 王敬一
出版发行： 现代出版社
通信地址： 北京市定安门外安华里504号
邮政编码： 100011
电 话： 010-64267325 64245264（传真）
网 址： www.1980xd.com
电子邮箱： xiandai@cnpitc.com.cn
印 刷： 山东省东营市新华印刷厂
开 本： 710mm×1000mm 1/16
印 张： 11
版 次： 2015年4月第1版 2020年1月第3次印刷
书 号： ISBN 978-7-5143-3092-2
定 价： 40.00元

党的十八大报告指出："文化是民族的血脉，是人民的精神家园。全面建成小康社会，实现中华民族伟大复兴，必须推动社会主义文化大发展大繁荣，兴起社会主义文化建设新高潮，提高国家文化软实力，发挥文化引领风尚、教育人民、服务社会、推动发展的作用。"

我国经过改革开放的历程，推进了民族振兴、国家富强、人民幸福的中国梦，推进了伟大复兴的历史进程。文化是立国之根，实现中国梦也是我国文化实现伟大复兴的过程，并最终体现为文化的发展繁荣。习近平指出，博大精深的中国优秀传统文化是我们在世界文化激荡中站稳脚跟的根基。中华文化源远流长，积淀着中华民族最深层的精神追求，代表着中华民族独特的精神标识，为中华民族生生不息、发展壮大提供了丰厚滋养。我们要认识中华文化的独特创造、价值理念、鲜明特色，增强文化自信和价值自信。

如今，我们正处在改革开放攻坚和经济发展的转型时期，面对世界各国形形色色的文化现象，面对各种眼花缭乱的现代传媒，我们要坚持文化自信，古为今用、洋为中用、推陈出新，有鉴别地加以对待，有扬弃地予以继承，传承和升华中华优秀传统文化，发展中国特色社会主义文化，增强国家文化软实力。

浩浩历史长河，熊熊文明薪火，中华文化源远流长，滚滚黄河、滔滔长江，是最直接的源头，这两大文化浪涛经过千百年冲刷洗礼和不断交流、融合以及沉淀，最终形成了求同存异、兼收并蓄的辉煌灿烂的中华文明，也是世界上唯一绵延不绝而从没中断的古老文化，并始终充满了生机与活力。

中华文化曾是东方文化摇篮，也是推动世界文明不断前行的动力之一。早在500年前，中华文化的四大发明催生了欧洲文艺复兴运动和地理大发现。中国四大发明先后传到西方，对于促进西方工业社会的形成和发展，曾起到了重要作用。

　　中华文化的力量，已经深深熔铸到我们的生命力、创造力和凝聚力中，是我们民族的基因。中华民族的精神，也已深深植根于绵延数千年的优秀文化传统之中，是我们的精神家园。

　　总之，中华文化博大精深，是中国各族人民五千年来创造、传承下来的物质文明和精神文明的总和，其内容包罗万象，浩若星汉，具有很强的文化纵深，蕴含丰富宝藏。我们要实现中华文化伟大复兴，首先要站在传统文化前沿，薪火相传，一脉相承，弘扬和发展五千年来优秀的、光明的、先进的、科学的、文明的和自豪的文化现象，融合古今中外一切文化精华，构建具有中国特色的现代民族文化，向世界和未来展示中华民族的文化力量、文化价值、文化形态与文化风采。

　　为此，在有关专家指导下，我们收集整理了大量古今资料和最新研究成果，特别编撰了本套大型书系。主要包括独具特色的语言文字、浩如烟海的文化典籍、名扬世界的科技工艺、异彩纷呈的文学艺术、充满智慧的中国哲学、完备而深刻的伦理道德、古风古韵的建筑遗存、深具内涵的自然名胜、悠久传承的历史文明，还有各具特色又相互交融的地域文化和民族文化等，充分显示了中华民族的厚重文化底蕴和强大民族凝聚力，具有极强的系统性、广博性和规模性。

　　本套书系的特点是全景展现，纵横捭阖，内容采取讲故事的方式进行叙述，语言通俗，明白晓畅，图文并茂，形象直观，古风古韵，格调高雅，具有很强的可读性、欣赏性、知识性和延伸性，能够让广大读者全面接触和感受中国文化的丰富内涵，增强中华儿女民族自尊心和文化自豪感，并能很好继承和弘扬中国文化，创造未来中国特色的先进民族文化。

2014年4月18日

中古时期——画界鼻祖

近古时期——画坛巨匠

近世时期——画派宗师

秦汉至隋唐是我国历史上的中古时期。秦汉及以前的绘画艺术，包括壁画和帛画等门类，具体画家已无可考。

至三国时期，政局不稳，社会纷乱，致使宗教蔓延，佛徒成众。曹不兴以佛画顺应时势，并催生绘画独立门类的形成。

随后出现的顾恺之、陆探微等人技法娴熟，渐成范式。展子虔、阎立本和吴道子等，展现了隋唐山水画和人物画的卓越成就。

画界鼻祖

画史重量级人物曹不兴

　　曹不兴,又名弗兴。生于三国时期的孙吴吴兴,即后来的浙江省湖州市。是三国时期的画家。我国最早的佛像画家,被称为"佛画之祖",也是文献记载最早的一位传奇画家。

　　曹不兴佛画的巨大成就对后世影响很大,他堪称重量级人物,史界将他与顾恺之、陆探微、张僧繇合称"六朝四大家"。与皇象善书,严武善弈,赵达善数等,并称为吴中"八绝"。

　　曹不兴代表作品《龙头样》《青䌽侧坐赤龙盘龙图》《南海监牧进十种马图》等,在隋朝时还十分珍贵地藏于皇宫之内的,但是,传至唐代之后,由于受战乱的影响,就均已经遗失了。

■ 佛画之祖曹不兴画像

曹不兴善画，在当时被称为
"吴中八绝"之一。所谓八绝，
是指当时书、画、算、相、棋、
占梦、星象、候风气等领域的8
名高手。其中善书的皇象、善星
象的刘敦、善算的赵达等，都是
历史上的知名人物。

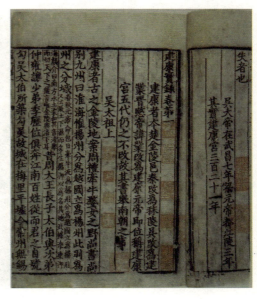

三国时期佛画

善画被列为"八绝"，正说
明绘画已经成为重要的文化标志之一。它不但受到上
层文化圈的特殊重视，而且已渐渐成为独立的门类影
响社会文化。

从历史上东鳞西爪的记载来分析，曹不兴并不是
朝廷的御用匠人，而是一个在当时的社会条件下相当
有名望、有影响的自由的职业画家。从中外艺术的发
展规律来看，这类较有主动权的职业画家，往往是绘
画从"匠作"上升到更高文化层次过程中起重要作用
的人物。

曹不兴之所以被称为"佛画
之祖"，是因为他最擅长画佛像
画。佛教在东汉时候传入我国。
曹不兴看到西方佛像，便据以绘
之，由此，佛像便盛传天下，他
的佛像画也成为我国佛像绘画最
早的作品。

曹不兴最擅长的是人物画。
据《建康实录》记载，他曾把50

吴中八绝　三国
东吴时，民间将
严子卿的棋艺，
皇象、张子并、
陈梁甫的书法，
曹不兴的画，宋
寿的占梦，郑妪
的相面，范淳达
的算命，合称为
"吴中八绝"。

《建康实录》

谢赫（479年—502年），我国南朝齐梁间画家，绘画理论家。善作风俗画、人物画。著有《古画品录》，为我国最古的绘画论著。评价了3世纪至4世纪的重要画家。提出我国绘画上的"六法"，成为后世画家、批评家、鉴赏家们所遵循的原则。

尺绢连在一起，画一人像，心明手快，运笔而成。人物头、脸、手、足、胸腹、肩背，无一毫失误。

南朝齐梁间画家、绘画理论家谢赫说："曹不兴画人像，画上的人物头、脸、手、脚、胸膛、两肩、脊背，都非常合乎比例。这是很难做到的，只有曹不兴能画到这种程度。"

曹不兴曾在孙权手下做宫廷画家，绘马、虎、龙等。曹不兴的动物画，栩栩如生。特别是他画的龙，就好像要腾云驾雾似的。

228年冬，孙权游青溪，看到一条赤龙由天而降，凌波而行。因此，他便让曹不兴绘其形状，因绘得成功而得到孙权的赞赏。

《尚书故实》等曾记载关于曹不兴画龙的传说：宋文帝时，曾逢久旱，一连几个月滴雨未下，田地干裂，庄稼焦枯。人们天天跪在地上，虔诚地向苍天祈祷，也不管用。

■ 谢赫的作品

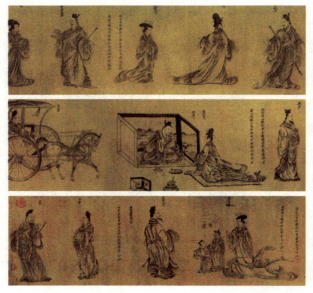

后来，不知谁的主意，取来曹不兴画的龙放在水旁，不一会儿，果然雷声隆隆，大雨倾盆。当然，这是一个巧合。不过，却也说明曹不兴的绘画技巧是十分高超的。

还有一次，吴主孙权特地请曹不兴画一扇

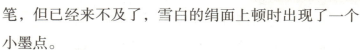

■孙权 （182年—252年），字仲谋，吴郡富春，即今浙江富阳人，三国时代东吴的建立者。据传他是春秋时期兵法家孙武的第22代孙，是孙坚的第二个儿子。生来紫髯碧眼，目有精光，方颐大口。形貌奇伟异于常人。自幼文武双全，善骑射，年轻时常常乘马射虎，胆略超群。

屏风。精美的木架上蒙上了雪白的绢素，曹不兴拿起笔，蘸好墨，聚精会神地画起来，不一会儿，一篮鲜嫩欲滴的杨梅便呈现于屏风之上。围观的人不由发出"啧啧"的称赞声。

曹不兴正画得兴奋，哪知道稍不留神，毛笔误点下去，他急忙收笔，但已经来不及了，雪白的绢面上顿时出现了一个小墨点。

旁边的人都惋惜道："真可惜啊！"

曹不兴不动声色，略加思索，不慌不忙地把小墨点改绘成了一只苍蝇，围观的人看后，无不惊叹，都齐声叫绝。

屏风画好后，孙权邀集群臣共同观赏，大家纷纷赞赏曹不兴的画艺，确是笔精墨妙，出神入化。孙权也是越看越爱，忽然发现画中有只苍蝇，便想赶走它，伸手去掸了几下，可是苍蝇纹丝不动。再仔细一看，方知是曹不兴画上去的，忍不住赞道："好！曹不兴真不愧画坛圣手啊，实乃神来之笔！"

据《贞观公私画史》记载，隋朝时宫内还藏有曹不兴所画的官本《龙头样》四卷、《青谿侧坐赤龙盘

宋文帝 （407年—453年），刘义隆，小字车儿，我国南北朝时期宋朝的第三位皇帝。他424年即位，在位30年，年号"元嘉"，谥号"文皇帝"，庙号"太祖"。他在位期间下令免除百姓欠政府的"通租宿债"，又实行劝学、兴农、招贤等一系列措施，使百姓得以休养生息，社会生产有所发展，经济文化日趋繁荣。

画界巨擘

绘画名家与绝代精品

■ 三国历史文化馆

江南 在历史上江南是一个文教发达、美丽富庶的地区，它反映了古代人民对美好生活的向往，是人们心目中的世外桃源。从古至今"江南"一直是个不断变化、富有伸缩性的地域概念。江南，意为长江之南面。在古代，江南往往代表着繁荣发达的文化教育和美丽富庶的水乡景象，区域大致为长江中下游南岸的地区。

龙图》二卷、《南海监牧进十种马图》一卷、《夷子蛮兽样》一卷，这些是比较可靠的曹不兴画迹。只可惜，无一流传至今。我们已无缘一睹曹不兴龙画的风采了。

曹不兴的画作在元朝还有人见到，明代之后就失传了。据资料记载，他画得最多的还是佛教人物画，也善于画马和虎，而尤其以画龙擅长。

在公元247年，西天竺沙门康僧会到吴国传教，孙权为他在建业，也就是江苏南京创立了建初寺，建初寺也就是后来的大报恩寺，它是南京和江南的第一座佛教寺庙，寺内有佛塔，称建初寺塔。

这大概是江南最早的佛寺了。不幸，后来建初寺毁于战火，1412年重建，大报恩寺施工极其考究，完全按照皇宫的标准来营建，金碧辉煌，昼夜通明。建初寺的佛像就是曹不兴摹写的，因此可以说曹不兴是我国最早的佛画名家。

三国时期的绘画，因政治动荡、社会混乱而没有取得更大的成就。绘画内容在此时亦是由礼教宣传过渡到宗教宣传的时期。画家也由黄河流域的中原地区转移到长江流域。曹不兴之后，长江中下游地区的画家渐渐多了起来。

曹不兴的绘画很有突破性，他是将形制规范、笔法简略、题材同一的"古画"进行了全面的改造的画家。他的笔法精细，肖形技巧高超，善于创造各种生动逼真的形象，这些造型样式被作为样板而长期广泛地流传，影响了整个社会的审美风气。

在绘画发展至"存形"的阶段，曹不兴的状物手法与细微的描绘，正适应了人们对这一发展的要求。

正是由于曹不兴的努力，古画开始全面走向了自身的独立发展进程，并对后世产生了深远的影响。之后的著名画家卫协就直接师承其法。

建初寺 位于江苏江宁城外之聚宝门外，是孙吴的第一个寺庙，也是江南最早建立之寺院。又称聚宝山、大报恩寺。247年，康僧会至南京弘扬佛教时，吴王孙权信服其教法而创建本寺，并建阿育王塔，据传系是阿育王八万四千塔中之一。只可惜后来毁于兵火，今仅存遗墟。

阅读链接

卫协，西晋画家，生卒不详。师法曹不兴，擅绘神仙、佛像及人物故事画，冠绝当时。他对六朝重气韵画风的形成最具影响。和曹不兴比较，卫协人物画法有显著提高。

曹不兴的画和汉壁画接近，线条粗扩，气魄雄健，注意人物的大体动态，不重视细部描写，而卫协改变了这种风格，比较精工细密。正如谢赫在《古画品录》中所指出的：古代的人物画都较简略，"至协始精。六法之中，追为兼善。虽不该备形妙，颇得壮气"。

奠基传统绘画的顾恺之

■绘画理论家顾恺之蜡像

顾恺之（348年—409年），字长康，小字虎头。生于晋陵无锡，即今江苏省无锡。博学有才气，工诗赋、书法，尤善绘画。与曹不兴、陆探微、张僧繇合称"六朝四大家"。他曾被当时人称为"才绝、画绝、痴绝"。

顾恺之作画，意在传神，其"迁想妙得""以形写神"等论点，为我国传统绘画的发展奠定了坚实的基础。可惜其作品无真迹传世。

顾恺之流传至今的画作为唐宋摹本《女史箴图》《洛神赋图》和《列女仁智图》等。

女史司箴敢告庶姬

顾恺之的人物画，强调传神，注重点睛。其笔迹紧劲连绵，如春蚕吐丝，又如春云浮空，流水行地，皆出自然，通称为高古游丝描。着色则以浓色微加点缀，不求藻饰。

顾恺之善于用睿智的眼光来审察题材和人物性格，加以提炼，因而他的画具有一定的思想深度，耐人寻味。

《女史箴图》原属圆明园收藏，现收藏于大英博物馆，为唐代摹本。"女史"是女官名，后来成为对知识妇女的尊称；"箴"是规劝、劝诫的意思。

西晋惠帝司马衷不务正业，荒淫放恣。朝中大臣张华便收集了历史上各代先贤圣女的事迹写成了9段《女史箴》，以为劝诫和警示，被当时奉为"苦口陈箴、庄言警世"的名篇，

■ 顾恺之作品《女史箴图》的局部

高古游丝描 我国古代人物衣服褶纹画法之一。因线条描法形似游丝，故名。画法是用中锋笔尖圆匀细描，要有秀劲古逸之气为合。此描法适合表现丝绢衣纹圆润流畅之感，古人多用于描绘文人、学士、贵族、仕女等。工艺绘画的刺绣、壁画等常用。

■ 司马衷（259年—307年），字正度，河内温县人。晋武帝司马炎第二子，西晋的第二代皇帝。为人痴呆不任事，大权旁落。在八王之乱中，他的叔祖赵王司马伦篡夺了他的帝位，并以他为太上皇，囚禁于金墉城。相传被东海王司马越毒死。

■ 顾恺之作品《洛神赋图》局部

流传甚广。

后来顾恺之就根据文章的内容分段为画，各段画面形象地揭示了箴文的含义，故称《女史箴图》。我国历史上的旷世名作《女史箴图》由此问世。唐代摹本自"冯媛挡熊"至"女史司箴敢告庶姬"共9段。

《女史箴图》以日常生活为题材，笔法如春蚕吐丝，形神兼备。画家所采用的游丝描手法，使得画面典雅、宁静又不失明丽、活泼。画面中的线条循环婉转，均匀优美，人物衣带飘洒，形象生动。

女史们下摆宽大的衣裙修长飘逸，每款都配以形态各异、颜色艳丽的飘带，显现出飘飘欲仙、雍容华贵的气派。

《洛神赋图》是"我国十大传

■曹植（192年—232年），字子建。因封陈王，故世称陈思王。生于沛国谯，即今安徽省亳州市。曹操之子，曹丕之弟。谥号"思"。三国曹魏著名文学家，建安文学代表人物、集大成者。著有《白马篇》《飞龙篇》《洛神赋》，其中《洛神赋》为最。

画界巨擘

绘画名家与绝代精品

世名画"之一。原属圆明园珍品,现在有4个摹本,分别藏于辽宁省博物馆、故宫博物院、美国弗利尔艺术博物馆等处。《洛神赋图》是根据曹植著名的《洛神赋》而作,为顾恺之传世精品。

宋摹本在一定程度上保留了顾恺之艺术的若干特点,千载之下,也可遥窥其笔墨神情。全卷分为三个部分,曲折细致而又层次分明地描绘着曹植与"洛神"真挚纯洁的爱情故事。人物安排疏密适宜,在不同的时空中自然地交替、重叠、交换,而在山川景物描绘上,无不展现一种空间美。

展开画卷,只见站在岸边的曹植表情凝滞,一双秋水望着远方水波上的洛神,痴情向往。梳着高高的云髻,被风吹起的衣带,给了水波上的洛神一股飘飘欲仙的来自天界之感。她欲去还留,顾盼之间,流露出倾慕之情。

初见之后,整个画卷中画家安排洛神一再与曹植碰面,日久情深,最终不奈缠绵悱恻的洛神,驾着六龙云车,在云端中渐去,留下此情难尽的曹植在岸边,终日思之,最后依依不忍地离去。这其中啼笑不能,欲前还止的深情,最是动人。

全画用笔细劲古朴,恰如"春蚕吐丝"。山川树石画法幼稚古朴,所谓"人大于山,水不容泛",体现了早期山水画的特点。此图卷无论从内容、艺术结构、人物造型、环境描绘还是笔墨表现的形式

■顾恺之作品《洛神赋图》局部

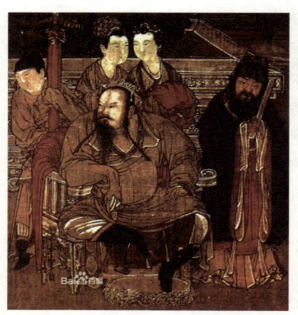

来看，都不愧为我国古典绘画中的瑰宝之一。因此它在历史上有着非常广泛和深远的影响。

《列女仁智图》为宋摹本，现藏北京故宫博物院。汉成帝沉湎于酒色，光禄大夫刘向针对这一情况，采摘自古以来诗书上所记载的贤妃、贞妇、宠姬等资料，编辑成《列女传》一书呈送汉成帝。希望他从中吸取经验教训，以维护刘氏政权。

全书按照妇女的封建行为道德准则和给国家带来的治、乱后果，分为母仪、贤明、仁智、贞顺、节义、辩通、孽嬖7卷，《列女仁智图》即其中"仁智卷"部分。

《列女仁智图》的人物线条粗犷流畅，造型准

画界巨擘

绘画名家与绝代精品

■汉成帝（前51年—前7年），名刘骜。汉元帝长子，母王政君。西汉第十二位皇帝，前33年至前7年在位，死后谥号"孝成皇帝"，庙号统宗，葬于延陵。

■《列女仁智图》局部

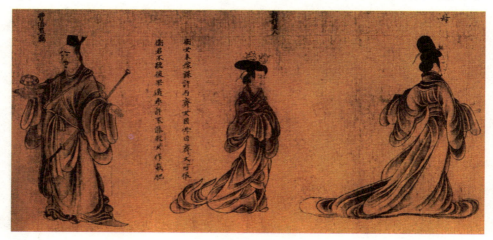

故日翼、翼、稀、福昨以興靜恭自思榮顯昨期

■ 顾恺之《女史箴图》局部

确。特别是对妇女的描绘，体态轻盈，婀娜多姿，尤为绝妙。

顾恺之的画迹还有《司马宣王像》《谢安像》《刘牢之像》《王安期像》《阮脩像》《阮咸像》《晋帝相列像》《司马宣王并魏二太子像》《桂阳王美人图》《荡舟图》《虎豹杂鸷鸟图》《凫雁水鸟图》《庐山会图》《水府图》《夏禹治水图》等，然而可惜的是作品真迹没有保存下来。

顾恺之在绘画理论上也有突出成就，今存有《魏晋胜流画赞》《论画》《画云台山记》。

顾恺之提出了传神论、以形守神、迁想妙得等观点，主张绘画要表现人物的精神状态和性格特征，重视对所绘对象的体验、观察，通过形象思维即迁想妙得，来把握对象的内在本质，在形似的基础上进而表

司马宣王 即司马懿，字仲达，河南温县招贤镇人。三国时期魏国杰出的政治家、军事家。他是辅佐了魏国三代的托孤辅政重臣，后期成为全权掌控魏国朝政的权臣。他平生最显著的功绩是多次亲率大军成功对抗诸葛亮的北伐。司马炎称帝后，追尊司马懿为宣皇帝。

■ 顾恺之作品《烈女图》局部

现人物的情态神思，即以形写神。

唐代张怀瓘有评论说："像人之美，张得其肉，陆得其骨，顾得其神，以顾为最。"这段评论对后世颇有影响，差不多已成为定论。顾恺之的绘画及其理论上的成就，在我国美术史上占有极其重要的地位。

阅读链接

相传，有一年春天，顾恺之要出远门，于是就把自己满意的画作集中起来，放在一个柜子里，又用纸封好，题上字，交给一位叫桓玄的人代为保管。

桓玄收到柜子后，竟偷偷地把柜子打开，一看里边都是精彩的画作，就把画全部取出，又把空柜子封好。

两个月后，顾恺之回来了，桓玄把柜子还给顾恺之，并说："柜子还给你，我可未动。"等把柜子拿回家，打开一看，画却没有了。

顾恺之惊叹道："妙画有灵，变化而去，犹如人之羽化登仙，太妙了！"

始创书法入画的陆探微

陆探微（？—约485年），生于南北朝时期的吴地，即今江苏省苏州一带。南朝宋明帝时宫廷画家，善画人物，是江南苏州一带最早的杰出画家之一。他在我国画史上，据传是正式以书法入画的创始人之一，他把东汉张芝的草书体运用到绘画之上，很有创造性，可惜现在已经再难见到他的画迹。但是，由于陆氏画风在随后的几十年中备受推崇，因此，从现存的那个时代的相关艺术作品中，亦可窥见其画风之端倪，确是具有独特的魅力。

陆探微与曹不兴、顾恺之、张僧繇合称"六朝四大家"；与东晋顾恺之并称"顾陆"。

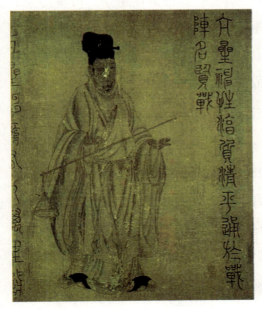

■ 宫廷画家陆探微画像

■ 陆探微《归去来辞图》局部

丹青 我国古代绘画常用朱红色、青色，故称画为"丹青"。《汉书·苏武传》记载："竹帛所载，丹青所画。"杜甫《丹青引赠曹将军霸》记载："丹青不知老将至，富贵于我如浮云。"民间称画工为"丹青师傅"，也泛指绘画艺术，如《晋书·顾恺之传》："尤善丹青。"

搜寻史籍，发现有关陆探微的生平活动资料非常少。《历代名画记》中记载：

陆探微，上品上，吴人也。宋明帝时，常在侍从，丹青之妙，最推工者。

这是有关陆探微生平正面书写的唯一记载。从中大体可知，陆探微是吴人，即今江苏省苏州人，南朝宋明帝时的宫廷画家，常在皇帝左右侍奉，在当时画技最高，最谙丹青妙法。但是，有关陆探微在社会生活中体现个人品格的行为举止、言谈风貌则语焉不详。

陆探微没有一幅绘画真迹留存至今，所幸是他的画风对后世影响极大，目睹其真容的后人无不怀景仰虔敬之心，并以文字细加描述，从而使我们仍可窥见陆探微绘画之面貌的基本特征。

南齐理论家谢赫首先给予陆探微绘画以至高的赞誉，在谢赫看来，陆探微绘画已远远超越了作品外在形式的完美，直接把握到艺术的内在本体。所谓"穷理尽性，事绝言象"，即指能穷尽对象的内在精神气质，达到上乘的理想境界，而非限于表面的描摹刻画，故谢赫将其置于上品之上，第一品第一人。

同时，谢赫又在总体上认为陆画"六法尽赅"，

即因"穷理尽性"而使
画面体现出"气韵生
动"的效果。阅读谢赫
的这段文字，能让人大
致把握陆探微绘画的精
神取向，及其达到的理
想境界。

陆探微绘画作品

张怀瓘对陆探微绘
画的评介说："陆公参
灵酌妙，动与神会，笔
迹劲利，如锥刀矣。秀骨清像，似觉生动，令人懔懔若对神明，虽妙
极象中，而思不融乎墨外。夫像人风骨，张亚于顾、陆也，张得其
肉，陆得其骨，顾得其神。"

"参灵酌妙，动与神会"依然是形而上的赞誉，"笔迹劲利，如
锥刀矣"则为形而下的具体描述，说明陆公用笔如锥刀入木般刚劲有
力度。张怀瓘在这里3次提到"骨"字，对这一概念的阐释可增进我们
对陆画画风的理解。例如文学史上讲"建安风骨"，那是指三曹和建

陆探微《归去来辞图之稚子候门图》

■ 陆探微绘画作品

画界巨擘

绘画名家与绝代精品

安七子体现在他们作品中的慷慨磊落之气和刚健有力的风格。

陆探微绘画有两个主要特征，一是人物外在形象的清秀瘦削和绘画用笔追求如刀刻般的刚劲有力；二是超越于对外在形式的关注直达理想人格本体的精神层面，所以当人们面对画面时会产生"令人懔懔若对神明"的感觉。

陆探微又为塑造合乎理想的典范，在绘画技巧上进行了新的探索。他通过对草书连贯一气的行笔运势特点的敏锐把握和巧思妙琢，将它引入绘画领域，创作出前所未有的"一笔画"法。

唐代张彦远所著的我国第一部绘画通史著作《历代名画记》卷2《论顾陆张吴用笔》中记载："昔张芝学崔瑗、杜度草书之法，因而变之，以成今草书之体势，一笔而成，气脉相通，隔行不断，唯王子敬明其深旨，故行首之字往往继其前行，世上谓之一笔书。其后陆探微也作一笔画，连绵不断，故知书画用笔同法。陆探微精利润媚，新奇妙绝，名高宋代，时无等论。"

陆探微的"一笔画"与张芝的"一笔书"可谓异曲同工。其不仅开拓了文字多维的空间架构，展现了线条在时间中的延续，还呈示出书写者的审美倾向与

张彦远（815年—907年），我国唐代画家、绘画理论家。字爱宾。出身宰相世家，曾任舒州刺史、左仆射补阙、祠部员外郎、大理寺卿。家藏法书名画甚丰，精于鉴赏，擅长书画，无作品传世。著《历代名画记》《法书要录》《彩笺诗集》等。

精神追求。

在绘画题材上，陆探微以人物画为主。《唐朝名画录·序》记载："陆探微画人物极其妙绝，至于山水草木，疏成而已。且《萧史》《木雁》《风俗》《洛神》等图画尚在人间，可见之矣。"同时，从《历代名画记》所记录的陆探微的70余件画迹也可以看出，所画以当时的帝王、功臣、名士肖像为多，也有古圣贤、历史人物、佛教图像以及禽鸟等。

陆探微镶拼砖画

一位真正的艺术家，终究是以其艺术本身来展现价值与意义的。陆探微在后来的画史中享有盛誉即为明证。

阅读链接

陆探微的现存作品，与在江苏省南京发现的墓葬镶拼砖画《竹林七贤与荣启期图》关系极大。

画中8人均取坐势，气质神情各不相同，但都具备形象清瘦、削肩细腰、宽衣博带的外形特征，而且行笔流畅，线条绵密紧劲，与陆氏画风十分相似。陵墓年代虽为南齐，但陆探微曾侍从宋明帝刘彧。

同时，《历代名画记》记录陆探微曾对8人都实有描绘。因此，《竹林七贤与荣启期图》的粉本来自陆探微的可能性极大，至少有陆氏画风的一些特点。

张家样创立者张僧繇

张僧繇，生于南朝梁的吴兴，即今浙江省湖州市。南朝梁时绘画成就最大的人。善于写真，并擅长画佛像、龙、鹰，多作卷轴画和壁画。所绘佛像，自成样式，被称为"张家样"，为雕塑者所楷模。他与顾恺之、陆探微以及唐代的吴道子并称为"画家四祖"。

张僧繇作品有《二十八宿神形图》《栢武帝像》《汉武射蛟图》《吴王枭武图》《行道天王图》《清溪宫氤怪图》《摩纳仙人图》《醉僧图》等，分别著录于《宣和画谱》《历代名画记》和《贞观公私画史》。

张僧繇作品已无真迹流传，仅有唐代梁令瓒临摹他的《五星二十八宿神形图卷》还流传在世，现藏于日本大阪市立美术馆。

■ 张僧繇画像

　　张僧繇擅长创作人物故事画及宗教画，时人称之为超越前人的画家。他吸收了天竺等外来艺术之长处，在我国画中首先采用凹凸法，画出的人物像和佛像有立体感，栩栩如生。

　　天竺的凹凸画法传入，与印度佛教在汉末进入我国，至梁佛法大兴有关。佛教兴盛，同时输入的佛经图像被大量转释、翻摹。

　　张僧繇作为一个高超的佛画家，他很快便注意到了天竺绘画这一神妙之处，而加以吸收，从而为我国人物画的发展增添了奇光异彩。因为张僧繇的人物画传神逼真，梁武帝便令他为各个皇子们画像，画得样子惟妙惟肖，梁武帝思念出外担任各州的皇子们，见

　　■《五星二十八宿神形图》之牛星神

　　凹凸法 人物画技法术语。古时肖像画中称面部突出部为"岳"。称鼻、额、左右颧、颏为"五岳"。"五岳高耸，见凸空白，见凹加黑"，谓之"凹凸法"。传统工笔肖像画以白粉染凸处，与加染的凹处形成对比，突出人物神情。

梁武帝（464年—549年），名萧衍，字叔达，小字练儿。南兰陵，即今江苏省常州人。南梁政权的建立者。在位48年，颇有政绩，在位晚年爆发"侯景之乱"，都城陷落，被侯景囚禁，死于台城。葬于修陵，谥"武帝"，庙号高祖。

图就好像见到诸皇子。

张僧繇创造了一种不用轮廓线的"没骨"法，全用色彩画成，创造出比较丰腴的典型，画人"面短而艳"。后人将其画法与唐吴道子并称为"疏体"。

后人论其作画用笔多依书法，点曳斫拂，如钩戟利剑，点画时有缺落而形象具备，一变东晋顾恺之、南朝宋陆探微以来连绵循环的瘦削型的形象。

这大大丰富了我国画的技法，同时也给画面带来了新的形式，从此，一种新的双向论画规范建立了，它是对以前绘画原则的丰富与拓展。

张僧繇的"没骨"法，至隋唐时期而兴盛起来。但是，从美术史的角度考察，这仍是一个形成的基础期，真正的繁荣昌盛、在艺术上达到顶峰当在唐代。丰满艳丽、雍容华贵的泱泱大唐风范才是这一风格的成熟形态。

■《五星二十八宿神形图》之尾星神

■《五星二十八宿
神形图》之斗星神

事实上，没有张僧繇"面短而艳"的人物造像风格的奠定，就不可能达到唐朝雍容大度、丰满健康、蓬勃向上的人物造像顶峰。顾陆相去已远，张僧繇是对隋唐影响最大的画家。

从唐代梁令瓒临摹张僧繇的《五星二十八宿神形图卷》上看，张僧繇的画貌并不明显，他的绘画的很多精妙技艺，像点曳斫拂、简笔、凹凸法都无从辨识，或许是因为临摹者未能得其真迹拓写所致。只是画神人之体态、面目、衣饰倒还有张僧繇"诡状殊形""奇形异貌"的特色。

此图绘想象中的星宿形象，现仅存五星十二宿共17幅图。推测此图当为原作之上卷。每个星、宿各作一图，或作女像，或作老人，或作少年，或兽首人身，或作怪异形象。

每图前有篆书说明。人物用游丝描，细劲秀逸，

斫拂 书画用笔中啄磔之类的技法。唐张彦远《历代名画记·论顾陆张吴用笔》记载："张僧繇点曳斫拂，依卫夫人《笔阵图》，一点一画，别是一巧，钩戟利剑森森然。"

■杨惠之雕塑作品九罗汉

匀洁流畅，设色古雅精微。图中的牛、马等动物形也生动传神，画风谨严。图中太白星神、风星神的形象，脸部修长，尚存南朝人物画的遗风，可能据时代更早的底本传摹所致。

在"画家四祖"中，张僧繇是一个承上启下的关键人物。在历代文献中，著录了他所画的23处寺庙壁画遗迹，也记载了他那日稀的传世画著及与日俱增的深远影响。

唐代最著名的雕塑家杨惠之与画圣吴道子，都直接继承了他的风格。唐代有歌谣："道子画，惠之塑，传得僧繇神笔路"中肯地道出了这一点。

张僧繇以他那画龙点睛的神笔，永远在中华民族的文化史册中占据着光荣的一席。

阅读链接

有一年，张僧繇在金陵安乐寺的墙壁上，画了4条龙，各个惟妙惟肖。游人纷纷前来观看，赞不绝口。但见到这4条龙都没画上眼睛，大家觉得美中不足，于是请张僧繇把龙眼睛点上。

在大家的一再要求下，他只好挥舞画笔，把其中两条龙的眼睛画上。刚刚画完，只见雷鸣电闪，风雨交加，两条巨龙撞毁墙壁，凌空而起，腾云驾雾，飞向天空去了。没有画上眼睛的那两条龙，依然留在墙壁上。

这就是"画龙点睛"这个成语的由来。

曹家样创立者曹仲达

　　曹仲达，来自中亚曹国，即乌兹别克斯坦撒马尔罕一带。生卒年不详，我国南北朝北齐著名少数民族画家。擅长画人物、肖像、佛教图像，尤精于外国佛像。所画人物以稠密的细线，表现衣服褶纹贴身，"其体稠叠，而衣服紧窄"，似刚从水中出来，人称曹衣出水，他与唐代画家吴道子的吴带当风画风并称画史。

　　其绘画结合中外文化，创造出属于自己的风格，被称为"曹家样"，在唐代风靡一时。其无作品传世，但现存的一些佛教造像中有与其相似的风格。

■ 少数民族画家曹仲达画像

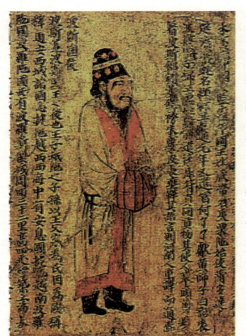

■ 袁倩 南朝宋画家。擅长画人物和佛像。师陆探微，为陆之高足。画仕女有古拙之致，但其谨守师法，不出新意。

粟特 是我国古书中记载的西域古国之一，活动范围在今中亚阿姆河与锡尔河之间的泽拉夫尚河流域，首都"马拉坎达"位于今撒马尔罕。7世纪下半叶到8世纪上半叶，粟特逐步被阿拉伯人所征服。10—11世纪，粟特地区的文化优势终被突厥—伊斯兰文化所取代。

唐代著名美术史家张彦远的《历代名画记》卷8《曹仲达》记载："曹仲达，本曹国人也，北齐最称工，能画梵像，官至朝散大夫，国朝宣律师撰《三宝感应通录》，具载仲达画佛之妙，颇有灵感。僧悰云：'曹师于袁，冰寒于水，外国佛像，无竞于时。'卢思道、斛律明月、慕容绍宗等弋猎图、齐武林轩对武骑、名马图，传于代。"

根据《历代名画记》所提供的信息，加之其他方面的资料，我们初步得知曹仲达的基本情况：

其一，曹仲达原为中亚粟特的曹国人。据考画史所载，曹仲达生于南梁，后入东魏、北齐。他在东魏时已开始服务于朝廷，但其作画声名最盛之时当在北齐，当时官至北齐朝散大夫。

当然，关于曹氏及其家族是何时、经何路线从中亚曹国到达南梁的，仍然有待于相关研究方面进一步的证据支持。

其二，曹仲达曾经以袁倩父子为师。"冰寒于水"用古成语，意思是冰出于水而寒于水，就是说弟子学自老师，本事反而超过老师。至于作天竺佛画，是他的看家本事，别人无法与之竞争而超过他的。

其三，曹仲达的作画题材有佛像、人物肖像、弋猎鞍马等，作画媒介有卷轴和壁画等。他画过北朝隋之际诗人卢思道、北齐大将军斛律明月、东魏名将慕容绍宗等人的肖像。

唐人所见的曹仲达作品共有7件卷轴画，两件佛寺壁画卷轴画，包括了《齐武临轩对武骑图》2卷、《慕容绍宗像》1卷、《弋猎图》1卷、《斛律明月像》1卷、《卢思道像》1卷、《名马样》1卷，其中6件为隋朝官本和长安城内的开业寺壁画。这些作品到初唐年间成书的《贞观公私画史》中仍然存在，后来就散佚了。

曹仲达的遗迹虽然已杳，但我们通过受其风格影响的资料和比较，仍能够窥得他的艺术成就。他的艺术风格在现存的北朝佛教造像中仍可见其仿佛。

曹仲达画过许多佛陀、菩萨，这在龙兴寺的出土佛像上找到了。1996年10月在山东

龙兴寺出土佛像

青州龙兴寺遗址发现了窖藏的400尊佛教造像。

时代跨越从北魏至北宋，跟敦煌藏经有大致相近的时间跨度与最后的封藏时间，两者一样具有不解之谜。

龙兴寺北朝作品，体现了画史上著名的"曹衣出水"样式。古籍《点石斋丛画》中记载："用尖笔，其体重叠，衣褶紧穿，如蚯蚓描。"此法用笔最宜沉着。北宋陈用志，明代丁云鹏、陈洪绶等人作品，系基于此法的发展。

曹仲达的"曹家样"风格，其突出特征是表现衣纹较为稠密的紧身贴体式。具体说有三点：一是衣服为紧身内收式；二是衣服质薄才有十分贴体的效果；三是衣纹稠密线条较多。

曹仲达来自西域，绘画风格带有异邦色彩，但到中原后又受到汉族美术的熏染，相互融合。他继承了中原魏晋以来的汉族文化传统，掌握了绣罗人物的技巧，即一种工笔重彩所应用的粗细一致、细劲有力的线条，把这种线条应用来画菩萨与佛像的衣饰，又带着明显的外来文化的色彩。

曹仲达的"曹衣出水"画法是中外文化交流的必然结果，是时代的产物。在我国绘画的发展过程中，曹仲达起到了里程碑式的作用。

阅读链接

曹仲达在画人物时，常常以稠密的细线，表现人物的衣服褶纹贴身，其用笔的效果在衣纹表现上较为稠密，"其体稠叠，而衣服紧窄"，正说明衣服是紧身贴体式，状若出水。这一画法受到当时人的赞许和肯定。

唐代画坛将曹仲达的佛画风格称为"曹家样"或"曹衣出水"，又与张僧繇的"张家样"、吴道子的"吴家样"、周昉的"周家样"并称于画史。"曹家样"对佛教绘画及雕塑都具有重大影响，历来被奉为典范。

影响北齐画风的杨子华

　　杨子华，南北朝时期北齐世祖的爱臣。善画贵族人物、宫苑、车马。北齐世祖使其供职宫廷，非有诏不得与外人画，成为了专门的御用画家。他所画的人物形象丰满圆润，影响了整个北齐的画风，为画史所称颂。所画马尤其生动逼真，被时人称为"画圣"。

北齐画家杨子华画像

　　此外，杨子华还将牡丹染墨赋彩，很具有开创性，是绘画牡丹的圣手，他曾令后人浩叹："丹青欲写倾城色，世上今无杨子华。"

　　杨子华的绘画影响到了隋唐绘画艺术，具有承前启后的历史地位。有宋临摹本《北齐校书图》存世。

■ 杨子华卷轴画
《北齐校书图》

杨子华在长安等地画了很多的壁画，他的画作有隋朝官本《斛律金像》《北齐贵戚游苑图》《义卫出行》《宫苑人物屏风》《邺中百戏狮猛图》，这些画作被著录于唐代裴孝源编的《贞观公私画史》中。但至今天都已经了无踪迹，只有一卷传为宋临的《北齐校书图》，是我们今天唯一能见到的杨子华的卷轴画。

《北齐校书图》为宋代摹本。这图卷所画的是北齐文宣帝高洋命樊逊和文士高干和等11人负责刊定国家收藏的《五经》诸史的情景。

图中画3组人物，中心是士大夫4人坐于榻上，榻上有盘盛的菜肴、酒杯、砚台、箭壶、琴等。榻内一人大概是樊逊，正在认真执笔书写。其他人，一人手执毛笔，一手举着刚写完的书绢似在审阅；另一人是背面，盘膝而坐。

琴的一角搭在腿上，一角搭在榻上，伸右手拉住右边一人的腰带；右边此人似乎欲逃酒下榻，一童仆正给他穿靴。榻旁围绕女侍5人，或捧杯，或执卷，

壁画 墙壁上的艺术，即人们直接画在墙面上的画。作为建筑物的附属部分，它的装饰和美化功能使它成为环境艺术的一个重要方面。壁画为人类历史上最早的绘画形式之一。古代皇室贵胄死后，常常在地下墓室的墙壁上作有壁画，以示尊贵的身份。

或抱凭几，或抱着靠垫，或提着酒壶，排列有致，顾盼生姿。画左侧有奚官3人，马两匹，一灰一黑，皆静立观望。

《北齐校书图》用笔细劲流动，细节描写神情精微。设色简易标美。画中人物的神情均极生动，人物面孔都呈鹅蛋形，与山西省太原市南郊王郭村出土的北齐娄睿墓壁画画风有异曲同工之妙。整个画面既反映了北齐对古代文献整理的史实，又不乏诙谐、随意，给人一种

娄睿墓壁画

古墓壁画《备马出行图》

轻松的艺术享受。

杨子华的绘画成就颇高，曾影响隋及初唐。有的壁画被学者认为甚至正是杨子华亲笔所作。其中比较著名的除了上面提到的北齐娄睿墓壁画中的出行图，还有陕西省三原县唐李寿墓壁画中的出行图。

它们所处的时代相近，绘制风格相似，内容相同，形式相仿，酷似出于杨子华之手，或者是有着师承关系的作品，至少也是北齐绘画对初唐影响所致。

无论哪一种因素，上述两幅出行图都直观地告诉我们，北齐的绘画风格和艺术造诣，都直接传入隋唐，并在此基础上向前发展。由此可见，北齐绘画中杨子华的技法，对隋唐影响之大。

阅读链接

相传北齐的宫廷画家杨子华，有一次在宫中的墙壁上画马，他运用自己纯熟的绘画技法，把这匹马画得栩栩如生，颇有灵性。皇宫中看到这幅画的人大多产生了幻觉。

就在画完马的当天夜间，宫中常听见马"啼啮长鸣"的声音，似乎在呼人为它添加水草，宫中人惊以为神马。

皇帝知道了杨子华有如此高的画技，就命令他只能奉诏作画，否则不得给任何人画任何东西。这带有神秘色彩的记载，说明杨子华画马的高超技艺，神妙令人莫测。

隋唐山水画桥梁展子虔

展子虔（约550年—604年），生于北周渤海，即今山东省阳信县温店镇郭家楼村。他是现在唯一有画迹可考的隋代著名画家，在我国绘画史上占据着重要位置。擅长画人物、山水及杂画，几无所不能。

展子虔在山水画上所达到的成就及其绘画方法，十分具有开创性的价值，直接开启了唐代山水画的先河，因而被后世誉为唐画之祖。

展子虔的传世作品《游春图》是我国山水画中独具风格的画体，也是我国现存最古的卷轴山水画，在我国山水画史上具有桥梁意义。

■ 隋初杰出画家展子虔塑像

物象 艺术上的物象具有四大基本结构：一是解剖结构，是指物象的自然生理形态；二是形体结构，是指物象的造型特征；三是构成结构，是指物象由各个局部构成整体的规律；四是透视结构，是绘画中物象的体积的透视性。艺术上的物象不经过反复实践不易掌握。

展子虔历经了北齐、北周和隋代，曾辗转于大江南北，在洛阳、西安、扬州及浙江等地的寺观中创作了许多壁画。他绘画的范围较广，善画佛道、人物、鞍马、车舆、宫苑、楼阁、翎毛和历史故事。

画迹有《长安车马人物图》《南郊图》《王世充像》《法华变相图》《朱买臣覆水图》《北齐后主幸晋阳图》《维摩像》《石勒问道图》《北极巡海图》等。

这些画分别著录于《贞观公私画史》《历代名画记》《宣和画谱》中。所绘物象，生动而富情趣，颇受时人重视。

展子虔在绘画上善于创新，唐代李嗣真说他："天生纵任，亡所祖述"。

■ 展子虔《授经图》

展子虔的绘画题材广泛，手法多变。他画的人物车马及山水台阁等，大都臻于精妙。他画人物，善用紧密的线条和能够晕染出浓淡的色彩，表现对象的性格特征和神态形貌，达到了神采如生、意度俱足的境地；他画马能够注重描绘马的动势，虽卧立而有行走、腾骧的神情；他画山水则是更有咫尺千里之势，充分表现出自然中深远的空间感。

展子虔在我国美术史上影响最大的是他的山水画，他最善于表现自然山水的深远的空间感，其山水画被称为"远近山川，咫尺千里"。

在运笔方法上，他未用"皴法"却能画出山石树木的质感，显得轻重有致。在着色技巧上，他用青绿设色。他的山水画风直接影响到唐代李思训父子的金碧山水创作，被后世誉为"唐画之祖"。

展子虔的《游春图》现藏北京故宫博物院，纵43厘米，横80.5厘米，绢本，青绿设色，上有宋徽宗赵佶题写的"展子虔游春图"6个字，是现存古代山水画的重要作品，也是现存的最早的卷轴画。

在这幅画上，画家以圆劲的线条和浓丽的青绿色彩，描绘了在阳春三月、花红树绿、山青水碧的郊野中，贵族、仕女骑马泛舟、踏青赏春的优美景色，展现了水天相接的广阔空间，美不胜收。

■ 李思训的《江帆楼阁图》

皴法　我国画技法名。是表现山石、峰峦和树身表皮的脉络纹理的画法。画时先勾出轮廓，再用淡干墨侧笔而画。表现山石、峰峦的主要有披麻皴、雨点皴、卷云皴、解索皴、牛毛皴、大斧劈皴、小斧劈皴等；表现树身表皮的有鳞皴、绳皴、横皴等。

■ 展子虔《游春图》
局部

金碧山水 我国山水画之一种。以泥金、石青和石绿三种颜料作为主色，比"青绿山水"多泥金一色。泥金一般用于勾染山廓、石纹、坡脚、沙嘴、彩霞，以及宫室楼阁等建筑物。金碧山水派代表人物是唐代李思训、李昭道父子。

在画面的空间处理上，一改过去绘画中的人大于山、水不容泛、树木排列，如同伸臂布指那种比例失调状况，特别是对湖水微波广阔深远的描绘，颇为成功。在表现技法上，此图以墨线勾出山川屋宇的轮廓，然后填敷青绿色彩，并再以深色重加勾勒，树木、人物等则直接用色点出，形体虽小，却生动有致。画面色彩典雅，富于装饰感。

从艺术上看，《游春图》已脱离了为山水为人物画背景的地位，独立成幅，反映了早期独立山水画的面貌。构图壮阔沉静，设色古艳，富有典丽的装饰意味，体现出承上启下的风格，也标志着山水画即将进入成熟期。

《游春图》中的山水"空勾无皴"，但远山上以花青作苔点，已开点苔的先声。人马体小若豆，但刻画一丝不苟。

这幅画作，山水重着青绿色，山脚用泥金，山上小树直接以赭石绘干，树叶以水沈靛横点，大树多勾勒而成。松树不细写松针，直以苦绿沈点，人物用粉点成后，加重色于其上，分出衣褶。

画法虽显草率，而且只用"勾"法而没有"斫""皴"等画法，但青绿山水之体已初成，故后人多认为展子虔的绘画开唐代李思训父子的"金碧山水"一派。

《游春图》是我国山水画开始独立成熟的开山之作，对于了解我国山水画的发展，其极为重要的价值是不容忽视的。

展子虔的山水画，在我国绘画史上，独树一帜，开一代画风。包括他所画人物画、车马画，以及以宗教内容为题材的壁画，赢得了后世很多人的赞叹。

■ 展子虔《游春图》局部

以人物画著称的阎立本

阎立本（约601年—673年），生于唐代雍州万年，即今陕西省西安临潼县。我国唐代画家兼工程学家。擅长建筑工艺，以及篆隶书法绘画，以工艺、绘画驰名隋唐之际。阎立本具有多方面的才能。他善画道释、人物、山水、鞍马，尤以道释人物画著称，曾在长安慈恩寺两廊画壁，颇受称誉，

阎立本的作品有《步辇图》《历代古帝王图》《职贡图》等传世之作。

《历代帝王图》的艺术成就代表了初唐人物画的新水平，在古代绘画史的发展上有着重要地位。

■唐代画家阎立本画像

■ 松赞干布（617年—650年），吐蕃王朝的第三十三任赞普。634年，遣使赴唐沟通关系。唐太宗为求得西部边境安宁，遂于641年将宗室女文成公主许配给他。唐蕃联姻，文成公主的入藏，进一步促进了西藏经济文化的发展。

阎立本出身于贵族，他不仅喜欢绘画，还潜心研究。据传他在荆州见到南朝梁时绘画大家张僧繇壁画，在画下留宿10余日，坐卧观赏，舍不得离去。后人说他师法张僧繇，人物、车马、台阁都达到很高水平。

阎立本特别擅长刻画人物神貌，笔法圆劲，气韵生动，能从画中看出人物的性格特点。此外，他的不少创作活动与初唐政治事件有密切关系。

据记载，他画过《西域图》《外国图》《异园斗宝图》，都是通过对边远各民族及国家人物形象的描绘，反映唐王朝与各民族的友好关系，从而歌颂政权的强大。他还曾画过《魏徵进谏图》《永徽朝臣图》《昭陵列像图》等，可惜这些具有历史意义的作品没有能够流传下来。

《步辇图》为阎立本的人物画，是现藏故宫博物院"我国十大传世名画"之一。内容反映的是吐蕃王松赞干布迎娶文成公主入藏的事。

画卷右半是在宫女簇拥下坐在步辇中的唐太宗，左侧三人前为典礼官，中为禄东赞，后为通译者。唐

我国十大传世名画 东晋顾恺之《洛神赋图》、唐代阎立本《步辇图》、唐代张萱、周昉《唐宫仕女图》、唐代韩滉《五牛图》、五代顾闳中《韩熙载夜宴图》、北宋王希孟《千里江山图》、北宋张择端《清明上河图》、元代黄公望《富春山居图》、明代仇英《汉宫春晓图》、清代郎世宁《百骏图》。

太宗的形象是全图焦点。作者煞费苦心地加以生动细致的刻画，画中的唐太宗面目俊朗，目光深邃，神情庄重，充分展露出盛唐一代明君的风范与威仪。

作者为了更好地突现出唐太宗的至尊风度，巧妙地运用对比手法进行衬托表现：一是以宫女们的娇小、稚嫩，以她们或执扇或抬辇，或侧或正，或趋或行的体态来映衬唐太宗的壮硕、深沉与凝定，是为反衬；二是以禄东赞的诚挚谦恭、持重有礼来衬托唐太宗的端肃平和、蔼然可亲之态，是为正衬。

该画不设背景，结构上自右向左，由紧密而渐趋疏朗、重点突出，节奏鲜明。从构图的角度来讲，这幅画很明显将所有人物分成两组：

以画卷中轴线为界，左边3个男士依次排开，井然有序，没有任何装饰，在规矩中略显拘谨；右边以唐太宗为中心的人物群，左右簇拥的仕女形象，以及装饰物"两把屏风扇""一展旌旗""步辇"等，把人物的布局按照其功能自然分工成不同的角色，而且仕女衣带飘飘和晃盖的迎风招展都有意刻画一种充满了柔情、安详、和善的情调。

另外，只有典礼官一个人是红袍在身，这未免显

画界巨擘

绘画名家与绝代精品

■ 阎立本作品《步辇图》局部

文成公主（625年—680年），唐朝皇室远枝，任城王李道宗之女。在吐蕃被尊称甲木萨汉公主。她聪慧美丽，知书达理，并信仰佛教。640年，她奉唐太宗之命和亲吐蕃，对吐蕃贡献良多。文成公主在吐蕃生活了近40年，一直备受尊崇。

得有些孤零零的，仍然营造不出喜庆的气氛。于是，作者巧妙地利用了晃盖顶和宫女服饰的配色，映衬出一团祥和、喜庆的气氛。

这种构图对比，尤其是译官谨小慎微、诚惶诚恐和仕女们神情自若、仪态万方的表情形成鲜明的对比，一张一弛、一柔一刚，让人的视觉得到了充分的享受。就像我们弹琴时的左手伴奏，稳健而低沉；右手高音区炫音技巧的展示，华丽而不俗脱，一唱一和，和谐有序。

《步辇图》设色典雅绚丽，线条流畅圆劲，构图错落富有变化，为唐代绘画的代表性作品。具有珍贵的历史和艺术价值。

《历代帝王图》又称《古帝王图》，现藏美国波士顿美术馆，是

阎立本人物画代表作。全卷共画有自汉至隋13位帝王的画像：汉昭帝刘弗陵、汉光武帝刘秀、魏文帝曹丕、吴大帝孙权、蜀昭烈帝刘备、晋武帝司马炎、宣陈宣帝陈顼、陈文帝陈蒨、陈废帝陈伯宗、陈后主陈叔宝、隋文帝杨坚、隋炀帝杨广、周武帝宇文

■ 刘秀（前5年—57年），别名刘文叔。东汉王朝开国皇帝。在位33年。谥号"汉光武皇帝"，庙号汉世祖。我国历史上著名的政治家、军事家，开创"光武中兴"的治世。东汉一朝被后世史家推崇为我国历史上"风化最美、儒学最盛"的时代。

■ 杨坚（541年—604年），汉太尉杨震十四世孙，鲜卑赐姓是普六茹，小名那罗延。隋朝开国皇帝，他在位23年，谥号"文皇帝"，庙号高祖，尊号"圣人可汗"。他在位期间形成了辉煌的"开皇之治"，使我国成为盛世之国，达到人类历史上农耕文明的巅峰时期。

邕，加上侍人共64人。帝王均有榜书，有的还记述其在位年代及对佛道的态度。

画家既注意到刻画作为封建统治者的共同特性和气质仪容，而又根据每个帝王的政治作为，不同的境遇命运，成功塑造了个性突出的典型历史人物形象，体现了作者对这些帝王的评议。

总体来讲，《历代帝王图》在人物个性刻画上表现出很大的进步，不落俗套，而显得个性分明；画中按等级森严的封建伦理观念，处理人物的大小。

《历代帝王图》作为我国肖像画的经典作品，把帝王的气势和内

■ 阎立本作品《历代帝王图》

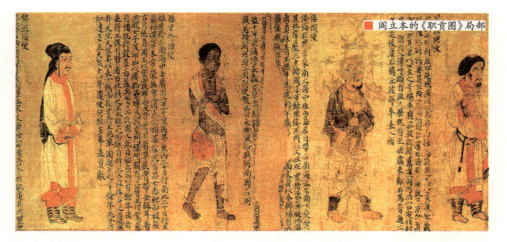

心世界体现无疑，画家的色彩审美水平完全达到了登峰造极的地步，艺术价值和历史价值都是无法用金钱来衡量的。

《职贡图》又名《番客入朝图》或《王会图》。唐朝时期，我国为世上强大的国家，连接东西双方的通商大道行旅不绝。首都长安在当时已经是一个拥有百万人口的国际性都市，并且成为欧亚大陆上的一个活动中心。在长安的街道上，各类种族、肤色的人群熙来攘往，呈现着嘉年华般的热闹与多样。

阎立本的《职贡图》描绘的就是唐太宗时，通过海上丝绸之路，南洋的婆利国和罗刹国等前来我国朝贡及进奉各式珍奇物品的景象。

从前端牵羊者已在画外的形式判断，后来，有学者认为现存的《职贡图》乃是经过裁切之后的作品。目前全幅共绘有27人，如同游行的队伍一般，自右向左行进。

行列的中央及左方，有仆人持伞盖随行，暗示出伞盖下人物的使者身份，而伞盖的存在，也在客观上突显了他们尊贵的地位。

画作中的贡品包括了鹦鹉、怪石、象牙等，其样式之多，除了令人目不暇接外，也充满了异国的情调，让人得以窥探在不同文化下的多元性。

阎立本的画风承继了南北朝以来的传统。《职贡图》中的人物，

阎立本作品《职贡图》局部

铁线描 我国古代人物衣服褶纹画法之一。是为表现硬质布料的重要技法。线条外形状如铁丝故名。是一种没有粗细变化，道劲有力的圆笔线条，由铁线描勾勒成形的衣纹线条常常稠叠下坠，有若"曹衣出水"。阎立本在作品中的勾线是典型的"铁线描"。

和唐代敦煌壁画《维摩诘变相》右下角的各国王子贵族的形象有相似之处。这说明了阎立本和一般的民间画家之间有密切联系。

阎立本的作品所显示的刚劲的铁线描，较之前朝具有丰富的表现力，古雅的设色沉着而又变化，人物的精神状态有着细致的刻画，都超过了南北朝和隋的水平，因而被誉为"丹青神化"而为"天下取则"。他在艺术上继承南北朝的优秀传统，认真切磋加以吸收和发展，在绘画史上具有重要地位。

阅读链接

唐太宗时，很多少数民族使臣到京城朝见皇帝。他们的服饰非常特别。中书侍郎颜师古就建议唐太宗将这些使臣绘图画像留给后人，以显唐朝恩德。

唐太宗准奏，并让阎立本和他的兄弟阎立德等人为这些使臣绘图画像。阎立本兄弟两人可算是画得最好的了。

那些使臣的形象，为接待这些使臣所安排的仪式，以及这些使臣所展示的用鼻子饮酒、用头撞球等奇异的风俗，都被他们兄弟绘画下来，而且深得神韵。阎立本等人的工作，使唐代绘画振兴起来。

吴家样创立者吴道子

吴道子（约680年—759年），又名道玄，画史尊称吴生。生于唐代阳翟，即今河南省禹州。唐代第一大画家，被后世尊称为"画圣"。初为民间画工，被民间画工尊为祖师。他的绘画具有独特风格，是我国山水画之祖师。

吴道子还擅长壁画创作，敦煌103窟唐壁画《维摩诘变相》可见其风格影响。

吴道子代表作品有《天王送子图》《八十七神仙卷》《孔子行教像》《维摩诘像》等。

■ 唐代画家吴道子雕塑

张旭（675年—约750年），字伯高、季明。唐朝吴，即今江苏省苏州人。唐代书法家。唐文宗曾下诏，以李白诗歌、裴旻剑舞、张旭草书为"三绝"。他又工诗，与贺知章、张若虚、包融号称"吴中四士"。张旭的书法始化于张芝、二王一路，以草书成就最高。史称"草圣"。传世书迹有《肚痛帖》和《古诗四帖》等。

吴道子小时候就失去双亲，生活贫困，为了生计向民间画工和雕匠学习，由于他刻苦好学，才华出众。相传曾学书于张旭、贺知章未成，乃改习绘画。漫游洛阳时，唐玄宗闻其名，任以内教博士官，并官至宁王府友，改名道玄，在宫廷作画。

吴道子是一位全能画家，人物、鬼神、山水、楼阁、花木、鸟兽无所不能，无所不精。他一生虽然创作了许多作品，但真迹流传下来的很少。

公认的吴道子代表作品是《天王送子图》《八十七神仙卷》《孔子行教像》等。现存壁画真迹有《维摩诘像》等。

吴道子的《天王送子图》，是他的代表作，遗存的是宋人李公麟的临摹本。这幅画的内容是描绘佛祖释迦牟尼降生为悉达王子后，其父净饭王和摩耶夫人抱着他去朝拜大自在天神庙时诸神向他礼拜的故事。

此图意象丰富，以释迦降生为中心，天王按膝端坐，怒视奔来神兽，一卫士拼命牵住兽的缰索，另一卫士拔剑相向，共同将其制服。天王背后，侍女磨墨、女臣持笏秉笔。

■ 唐玄宗（685年—762年），唐睿宗李旦的第三子，母亲窦德妃。唐玄宗也称唐明皇。谥号"至道大圣大明孝皇帝"，庙号玄宗。他在位期间，开创了唐朝乃至我国历史上的最为鼎盛的时期，历史上称为"开元盛世"。

《天王送子图》
技法首重线条和用
笔，笔势行于所当
行，止于所当止，故
线条流转随心，轻
重顿挫合于节奏，
以动势表现生气，
具有"疏体"画的特
性，是典型的"吴家
样"。画作构思独

■ 《天王送子图》

到，气势磅礴，功力
深厚，物象纷繁，给日后的宗教题材绘画尤其是佛道
壁画带来深刻的影响。

这幅画反映了吴道子的基本画风。他打破了袭顾
恺之的那种游丝线描法，开创了兰叶描，用笔讲究起
伏变化和内在的精神力量。他在创作的时候，处于一
种高度兴奋与紧张状态，很有表现主义的味道。

《八十七神仙卷》深褐色绢面上用遒劲而富有韵
律的、明快又有生命力的线条，描绘了87位列队行进
的神仙。

那优美的造型，生动的体态，将天王、神将那种
"虬须云鬓，数尺飞动，毛根出肉，力健有余"的气
派表现得淋漓尽致，那冉冉欲动的白云，飘飘欲飞的
仙子、使整幅作品具有"天衣飞扬，满壁风动"的艺
术感染力。全幅作品没有着任何颜色，却有着强烈渲
染效果。

兰叶描 是从丰富
的衣纹的曲折向
背为体现的一种
描法，有其独立
性。创始人吴道
子用状如兰叶或
状如莼菜的笔法
来表现衣褶，有
飘动之势。特点
是压力不均匀，
运笔中时提时
顿，产生忽粗忽
细，形如兰叶的
线条。枣核描、
柳叶描属于这一
类型。

■ 画圣吴道子作品《八十七神仙卷》局部

画界巨擘 绘画名家与绝代精品

拓印 也称"拓石",也指现在的"碑帖"。拓印也就是把石碑或器物上的文字或图画印在纸上。也可用纸紧覆在物体表面,将其纹理结构打拓在纸上。

孔庙 位于山东省曲阜市南门内,是第一座祭祀孔子的庙宇,初建于前478年,以孔子的故居为庙,以皇宫的规格而建,是我国三大古建筑群之一,在世界建筑史上占有重要地位。另外在福州、北京、衢州、德阳等地都有孔庙。

《八十七神仙卷》历千年之久而依然光彩照人。因场面宏大,人物比例结构精确,神情华妙,构图宏伟壮丽,线条之圆润劲健,而被历代画家艺术家奉为圭臬。现保存在徐悲鸿纪念馆,并为镇馆之宝。

《八十七神仙卷》是吴道子现世仅存的一部白描绢本。代表了我国古代白描绘画的最高水平。我国著名画家徐悲鸿认为此卷 "足可颉颃欧洲最高贵名作"。它栉千年之风,沐五朝之雨,送给今人一份厚重的文化遗产,实在是艺术史上的一个伟大奇迹!

《孔子行教像》石刻本现存于山东省曲阜孔庙。

《孔子行教像》整体画风完全符合吴道子的风格，画中孔子雍容大度，身体稍稍前倾，双手作揖，谦卑有礼。孔子头扎儒巾，双目前视，须发飘逸，透出圣人的智慧。

作品用笔提按流转之间表现了画家娴熟的技法，深得"吴带当风"的精髓。画面上方题写"先师孔子行教像"；右上方题写"德侔天地，道冠古今，删述六经，垂宪万世"；左下方落款"吴道子笔"，并加盖一方印章。

孔庙的石刻本《孔子行教像》堪称孔庙的镇庙之宝，由复制的石刻本拓印的《孔子行教像》拓本也成为山东省拓印最多的古迹拓本。

《维摩诘像》藏于日本京都国立博物馆。世传李公麟作《维摩诘像》流传到日本有两幅，估计此图也为宋临摹或仿李公麟之作。吴道子的《维摩诘像》是一幅敦煌壁画。敦煌103窟的维摩诘像，可视为白画经变，是了解吴道子绘画及其白画的重要参考。

《维摩诘像》是以吴道子绘画风格描绘维摩诘形象的最具代表性的杰作。画中维摩诘手执麈尾坐于床上，身子向前倾斜，通过紧锁的双眉和炯炯生辉的双眸透发出深沉的睿智。

画家以流利刚健的线描一气呵成，确有"虬须云

孔子新像

这幅画像，以"孔子登泰山而小天下"为背景，塑造了孔子壮年时期的形象，他更接近历史的真实画像，再现了孔子作为民族文化领军者的博大深远的胸襟，再现了作为伟大教育家、思想家和理论家的气度和风范。

■ 孔子行教像

吴带当风 中国画术语。是对吴道子人物画风格的概述。吴道子创造了一种波折起伏、错落有致的"莼菜条"式的描法，所画人物、衣袖、飘带具有迎风起舞的动势，故有"吴带当风"之称。后人也以之称美其高超画技与飘逸的风格。

维摩诘像

鬒，数尺飞动，毛根出肉，力健有余"之感，十分具有独特之处。

吴道子的绘画具有独特风格。其山水画有变革之功，所画人物衣褶飘举，线条遒劲，人称莼菜条描，具有天衣飞扬、满壁风动的效果，被誉为"吴带当风"。他还于焦墨线条中，略施淡彩，世称"吴装"。

他创造了笔间意远的山水"疏体"，使得山水成为独立的画种，从而结束了山水只作为人物画背景的附庸地位。

苏东坡在《书吴道子画后》一文中说：

画至于吴道子，而古今之变，天下能事毕矣！

可谓一代宗师，千古流传！

画界巨擘

绘画名家与绝代精品

阅读链接

传说，唐玄宗有一次从骊山回宫后的一天晚上，在睡梦中梦见两个鬼相追捉，最后大鬼捉住小鬼并撕吃它的身体。

玄宗惊问大鬼是何人，大鬼说："我是钟馗。感谢皇上在我触阶而死时用蓝袍为我殓葬，现虽在九泉之下，仍要为皇上斩除妖孽。"说完化光而去。

玄宗醒后出一身虚汗，顿时身体清爽。玄宗就让吴道子按照梦中的样子画一幅画。

吴道子很快便画成一幅《钟馗捉鬼图》。此后，一到岁末，家家都在门上张贴此画，以驱鬼避邪。

周家样创立者周昉

周昉（713年—741年），字仲朗，一字景玄。生于唐代京兆，即后来的陕西省西安市。唐代著名的画家，擅长画肖像、佛像。他的仕女画代表了中唐仕女画的主导风格。他所创造的"周家样"，画风为"衣裳简劲，彩色柔丽，以丰厚为体"，对中外的绘画与雕塑产生了深远的影响。

周昉作品已遗失者很多，但从题目上可以看出大致的内容，例如：游春、烹茶、凭栏、横笛、舞鹤、揽照、吹箫、围棋等各种名目的仕女图。

他的传世作品有《挥扇仕女图》《簪花仕女图》和《调琴啜茗图》等。

■ 人物画家周昉画像

张萱 以善绘贵族仕女、宫苑鞍马著称，在画史上通常与另一稍后于他的仕女画家周昉相并提。唐宋画史著录上记载张萱的作品计有数十幅，今已无一遗存。今存摹本有《虢国夫人游春图》和《捣练图》。

周家样 即指具有周昉人物特点的画像。在艺术史中，"周家样"与北齐曹仲达创的"曹家样"、南朝梁张僧繇创的"张家样"、唐代吴道子创的"吴家样"共称为"四家样"，是我国古代初步具有画派性质的雏形样式。

■《簪花仕女图》

周昉初学张萱而加以写生变化，多写贵族妇女，有许多艺术上的独到之处。他创制出体态端严的《水月观音》，将观音绘于水畔月下，颇有艺术魅力。

这不仅为画工所仿，而且也成为雕塑工匠的造型样式，流传极广。更重要的是后人将周昉的人物画特别是仕女画和佛像画的造型尊为"周家样"。"周家样"的出现，标志着周昉的艺术成就和地位已超越了前人，并形成了自己的艺术风格。

周昉画迹有《杨妃出浴图》《妃子数鹦鹉图》《赵纵侍郎像》《明皇骑从图》《宫骑图》《游春仕女图》等均已失传。现存《簪花仕女图》《挥扇仕女图》《调琴啜茗图》等几幅传为其作。

《簪花仕女图》描写几位衣着艳丽的贵族妇女赏花游园的情景，向人们展示了这几位仕女在幽静而空旷的庭园中，以白鹤、蝴蝶取乐的闲适生活。

虽然她们逗犬、拈花、戏鹤、扑蝶，侍女持扇相从，看上去悠闲自得，但是透过外表神情，可以发现

她们的精神生活却不无寂寞空虚之感。

《簪花仕女图》人物高髻簪花、晕淡眉目，露胸披纱、丰颐厚体的风貌，突出反映了中唐仕女形象的时代特征。全画构图采取平铺列绘的方式，仕女们的纱衣长裙和花髻是当时的盛装，高髻时兴上簪大牡丹，下插茉莉花。

《簪花仕女图》人物线条简劲圆浑而有力，能以简洁有力的线条，准确地表现各种不同手势。人物的描法以游丝描为主，行笔轻细柔媚，匀力平和。特别是画家在手臂上的轻纱敷染淡色，深于露肤而淡于纱，恰到好处地再现了滑如凝脂的肌肤和透明的薄纱，传达出柔和、恬静的美感。

画中描写的是唐代当时贵族妇女的日常生活，说明唐代的社会政治比较开明，因此反映现实生活的作品才能够流传下来。这一时期也是我国现实主义人物画表现风格的开端，而以前的绘画内容大多是历史宗教人物。

《挥扇仕女图》是一幅描写唐代宫廷妇女生活的佳作。全卷所画人物共计13人，或纨扇慵坐，或解囊抽琴，或拥髻对镜，或支颐闲憩，或引颈远眺，或倚桐凝伫。从不同的侧面，刻画了人物在不同场

游丝描 行笔慢，多以中锋出之，压力均匀，线性始终如一，变化较少。线条两端可平、可圆、可尖，视描绘对象而定。属平直光滑的线条，以粗细程度再分3种：高古游丝描是极细的尖笔线条；琴弦描略粗些；铁线描又粗些。

景中的各种心理状态，表达出她们寂寞、沉闷、空虚、无聊、幽恨暗生的心情。

《挥扇仕女图》以横向排列的形式展示了人物的各种活动，作者注意画面横向疏密、松紧的韵律变化，纵向高低错落的层次变化，从而使得画面结构井然有序，并避免了构图上的单调呆板。

图中色彩丰富，以红色为主，兼有青、灰、紫、绿等各色。冷暖色调相互映衬，显现出人物肌肤的细嫩和衣料的华贵。衣纹线条近铁线描，圆润秀劲，富有力度和柔韧性，较准确地勾画出了人物的种种体态。画面结构井然，线条秀劲细丽，赋色柔丽多姿，艳而不俗。

《调琴啜茗图》又名《弹琴仕女图》，画中3位坐在庭院里的贵妇在两个女仆的伺候下弹琴、品茶、听乐，表现了贵族妇女闲散恬静的享乐生活。图中绘有桂花树和梧桐树，寓意秋日已至。

■《挥扇仕女图》

贵妇们似乎已预感到花季过后面临的将是凋零。调琴和啜茗的妇人肩上的披纱滑落下来，显示出她们慵懒寂寞和睡意惺忪的颓唐之态。

全卷构图松散，与人物的精神状态合拍。人物组合虽不及张萱之作紧凑，但作者通过人物目光的视点巧妙地集中在坐于边角的调琴者身上，使全幅构图呈外松内紧之状。卷首与卷尾的空白十分局促，疑是被后人裁去少许。

画中的人物线条以游丝描为主，并渗入了一些铁线描，在回转流畅的游丝描里平添了几分刚挺和方硬之迹，设色偏于匀淡，衣着全无纹饰，当有素雅之感。人物造型继续保持了丰肥体厚的时代特色，姿态轻柔，特别是女性的手指刻画得十分柔美、生动，但

■ 周昉作品《调琴啜茗图》局部

《簪花仕女图》是目前全世界范围内唯一认定的唐代仕女画的传世孤本。此画除了唯一性之外，其作品艺术价值也很高，是典型的唐代仕女画标本型作品，能代表唐代现实主义风格的绘画作品。

诸女的神情和脸形流于程式化，缺乏个性。

周昉的艺术影响是通过"周家样"传播于后世的。晚唐的仕女画家们几乎都处于墨守"周家样"的阶段，"周家样"控制了晚唐仕女画坛。

至五代，这种艺术格局仍继续留存在周昉曾活动过的江南地区，如南唐的周文矩，传扬了周昉的仕女画艺术。在宋代，许多人物画家在不同程度上受到"周家样"面部造型的影响。元代赵孟頫凭借他"荣际五朝"的崇高地位，在元朝朝廷内外极力推崇唐人的绘画风格，张萱、周昉的仕女造型再次风行画坛。

另外，因宗教壁画的稿本代代相传，具有相对的稳定性，宗教题材中的女性形象较多地保存了"周家样"的造型特征。

"周家样"的艺术影响也为邻国新罗，即今朝鲜

周文矩 我国五代南唐画家，建康句容，即今江苏省句容人。工画佛道、人物、车马、屋木、山水，尤精于仕女。存世作品有《宫中图》《苏武李陵逢聚图》《重屏会棋图》《琉璃堂人物图》《太真上马图》，但是多为摹本。

■ 周昉作品《调琴啜茗图》局部

半岛中部的画家所倾倒。新罗人到周昉曾活动过的江淮一带以善价求购周昉的画迹。

"周家样"还漂洋过海至东瀛，波及日本奈良时代的佛教造像，如藏于日本东京国立博物馆的《吉祥天女像》。这个时期日本仕女画的造型更是直取"周家样"之形，如藏于日本东京国立博物馆的《鸟毛立女屏风》等。

■ 周昉作品《内人双陆图》

赵孟𫖯（1254年—1322年），字子昂，号松雪、松雪道人，又号水精宫道人、鸥波。元代著名画家，"楷书四大家"之一。善篆、隶、真、行、草书，尤以楷、行书著称于世。

阅读链接

周昉的肖像画在揭示人物的精神实质上稳胜同行。

一次，周昉奉唐德宗李适旨，画敬章寺神，竟引来京城万人前来观看，有言其妙者，也有指其瑕者，周昉能虚心听取修改意见，日日有改，直至众口称绝。

还有一次，郭子仪女婿侍郎赵纵约请韩斡和周昉先后为他画像，画完后，赵纵将画像置于坐侧，一时难定优劣，赵夫人回府后点评道："两画皆似，前画者空得赵郎状貌，后画者兼移其神气，得赵郎性情笑言之姿。"

一语道出周昉的艺绝之处。

鞍马画立范者韩幹

　　韩幹（约706年—783年），生于唐代长安蓝田，即今陕西省西安市蓝田。唐代杰出画家。擅长画肖像人物、鬼神、花竹，尤工画马。所绘马匹，体形肥硕，态度安详，比例准确，一改前人画马螭颈龙体、筋骨毕露、姿态飞腾的"龙马"作风，创造了富有盛唐时代气息的画马新风格。

　　韩幹的画迹有《玄宗试马图》《宁王调马打球图》《龙朔功臣图》，均录于《历代名画记》，《内厩御马图》《圉人调马图》《文皇龙马图》等52件，辑于《宣和画谱》。代表作品有《照夜白图》《牧马图》《神骏图》等。

■画马专家韩幹画像

韩幹出身下层，当过酒店雇工。但他对马的识别与鉴赏能力达到了著名相马专家伯乐的程度。

在当时，天下安定太平，外国的名马源源不断地输入唐朝。但是这些从西疆输入进来的马，它们的蹄甲很薄，又走过辽阔的沙漠，待到达京城后有的马蹄甲都损坏了。

唐玄宗让人从中挑选优良的马，同国内产的宝马，一同送给宫内饲养御马的官员。从这以后，宫内御马圈内集聚着"飞黄""照夜""浮云"等各地送来的宝马。

这些御马筋骨健壮，毛色奇特，长相特殊，都有厚厚的蹄甲。骑着它们逾隘跨险，就像乘坐车一样安稳；它们可以随着你的心意奔跑跳跃，就像奏乐一样的有节奏。因此，上一代画师陈闳的画马方法已经很是高超。

韩幹《猿马图》

韩幹被唐玄宗召入宫后，专跟宫中画马名家陈闳学习画，但进展不太显著。韩幹改变只临摹不写生的方法，经常到马厩里去，细心观察马的习性，对比找出马的性格特征，找出马的动作规律，并把各种各样的马记录在案。

后来，韩幹的画马方法既继承了陈闳的方法又有所创新，有自己独到的技法。他画的"渥洼"等名马，就像从天上下凡的神马似的。

韩幹画的马重在神似，比如在下面的《照夜白图》《牧马图》和

画界巨擘

绘画名家与绝代精品

■ 韩幹作品《照夜白图》局部

《照夜白图》

图中所绘"照夜白"骏马，是唐玄宗李隆基的一匹坐骑。它昂首嘶鸣，四蹄飞骧，鬃毛竖立，朦肥肌健。韩幹曾对玄宗说过："陛下内厩之马皆臣之师也。"而此画以富有弹性的、遒劲的线条和略加渲染的绘画技法，恰到好处地表现出了骏马的矫健和奔腾气势，使之成为中国古代画马的精品。

《神骏图》中，韩幹画马已达出神入化的境界。

《照夜白图》是韩幹代表作。"照夜白"是韩幹于唐天宝年间所画的唐玄宗最喜欢的一匹名马。

在《照夜白图》中，被拴在马柱上的"夜照白"仰首嘶鸣，奋蹄欲奔，神情昂然，充满生命的动感。马的体态肥壮矫健，唐韵十足。

据专家考证，马的头、颈、前身为真迹，而后半身为后人补笔，马尾巴已不存。图后上有南唐后主李煜所题"韩幹'夜照白'"5字，又有唐代著名美术史家张彦远所题"彦远"两字。卷前有何子酉、吴说题首。卷后有元代危素及沈德潜等11人题跋。

《照夜白图》构图简单大胆，将马桩直立在画面中央，巧妙地使立柱、横马相互交错，形成画面中心而丝毫不觉呆板。柱、马之间，稳定与跳动相对比，细瘦与肥壮相映衬，反映出生命奔放与外来遏制在互相冲突。

而马的切齿长嘶或内心呐喊，使矛盾发展达到顶点，观者的审美感受也进入最深层次。

《牧马图》画黑白两马，有个奚官虬髯戴头巾，手执缰缓行。《牧马图》原为《名绘集珍》册中之一帧，左有宋徽宗赵佶的"韩幹真迹，丁亥御笔"题字。《牧马图》生动地表现了骏马的体态神情，准确、简练、真实。在造型上，黑白两马健硕丰满，生动逼真，但在线条的描绘上却是纤细遒劲，勾出马的健壮体形，黑马身配朱地花纹锦鞍，更示出其神采。牧马人的形象也威武生动。

此图线条人物衣纹疏密有致，结构严谨，用笔沉

奚官 官名。在晋代，就是养马的役人。南朝、隋、唐为养马的官署。在盛唐时代，多由游牧民族的人充当。此外，奚官也是官署名。南朝、隋、唐皆置，属内侍省。掌守宫人疾病、罪罚、丧葬等事。

■ 韩幹作品《牧马图》局部

画界巨擘

绘画名家与绝代精品

■ 韩幹作品《神骏图》局部

支遁（314年—366年），字道林，世称支公，也称林公，别称支硎，本姓关。陈留，今河南开封市人，或说河东林虑，今河南林县人。东晋高僧、佛学家、文学家。他精通佛理，有诗文传世。据文献记载，《神骏图》画的是支遁爱马的故事。

着，神采生动，完全是从写生中得来。从画风来看，牧马人两腮胡须，体格高大肥壮，是为胡人相貌；马匹神骏雄健，属来自西域的品种。

《神骏图》是国宝级珍品。此图描绘的是东晋尚清谈的代表人物，高僧支遁爱马的故事。据文献记载，和尚支遁隐居，好养鹰而不放，好养马而有不乘，有人讥笑他，支遁说："贫僧爱其神骏。"

《神骏图》形态生动，构图严谨。此图用笔极为精练，施重彩而不愿其浓艳，画人马形神统一，树石钩而不皴，水纹浪花尤见功夫。

杜甫《画马赞》中说："韩幹画马，笔端有神、骅骝老大，腰褭清新。"他在《丹青引赠曹将军霸》

■ 杜甫（712年—770年），字子美，号少陵野老，一号杜陵野老、杜陵布衣，世称杜拾遗、杜工部、杜少陵、杜草堂。原籍湖北省襄阳，生于河南省巩县。盛唐时期伟大的现实主义诗人、世界文化名人。被后人称为"诗圣"，他的诗也被称为"诗史"。有《杜工部集》传世。

又说："弟子韩或早入室，也能画马穷殊相。幹唯画肉不画骨，忍使骅骝气凋丧？"道出了韩幹画马的特点：重"画肉"，即"肥壮丰满"。同时也反映了当时的审美时尚。

在韩幹之前，展子虔等人所画之马，重画骨，瘦如蟠螭龙形；而韩幹所画之马，重画肉，"画肉不画骨"，并非有肉无骨，而是少露筋骨，却肉中有骨。也就是说，画马，要掌握骨肉停匀法。这些要领，为后世所推崇。

阅读链接

韩幹重视写生，坚持以真马为师，认真观察马的动态。唐玄宗因韩幹擅长绘画，就召他入朝廷。

韩幹遍绘宫中及诸王府之名马，创造了富有盛唐时代气息的画马新风格。唐玄宗见韩幹画的马跟他的老师陈闳画的马不一样，就将他招来责问他。

韩幹答说："我画马有自己的老师。宫内马圈里的御马，都是我的教师。"

后来，唐玄宗看到韩幹画的御马，果然完全画出了"飞龙"马健美的形象，"喷玉"马奇特的神韵，于是龙颜大悦。

稀世画牛专家韩滉

韩滉（723年—787年），字太冲。生于唐代长安，即今陕西省西安。唐代画家。他擅长绘人物及农村风俗景物，画牛、羊、驴等走兽神态生动。尤以画牛尽得其妙，能表现出牛漫步、疾驰、鸣叫、顾视等各种情态。被誉为"画牛专家"。所作《五牛图》，元赵孟頫赞为"神气磊落，希世名笔"，和《文苑图》并存于世。是"我国十大传世名画"之一。

韩滉开创了田园风俗绘画的先声，并深深影响了戴嵩、李渐、张符、邱文播等一批以田园风俗为题材的画家的创作，形成了以韩滉为首的田园风俗绘画一派，对后世耕织图的发展也有一定的启示意义。

■ 画牛专家韩滉画像

韩滉是唐代中期的政治家和画家，历经唐玄宗至唐德宗4代，曾经做过地方官和藩镇、宰相，是一位拥护统一，反对分裂割据的政治家。他身为显宦，但公务之余雅好文艺，工书善画，也能鼓琴。书法学张旭草书，得其韵味；绘画远师南朝陆探微。

韩滉擅长画田家的生活风俗，喜欢描绘农家事物、风俗人物和表现农家生产、生活场面的田园风俗画，在韩滉的绘画中占有重要的位置，是韩滉绘画极为重要的内容。

韩滉风俗作品曾有《田家风俗图》《田家移居图》《尧民击壤图》《村社醉散图》《村童戏蚁图》《丰稔图》《盘车图》《渔父图》《集社斗牛图》《古岸鸣牛图》《归牧图》《乳牛图》等，广泛地反映了当时农村的生活和习俗。但除《五牛图》外，韩滉其他画迹未传于世。

韩滉不仅是牛畜画的专家，在人物画方面也造诣精深、风格特殊而自成一家。韩滉人物画不仅数量众多而且造诣极高，成就突出，有较高的地位。

唐德宗（742年—805年），名李适，是肃宗的长孙、代宗的长子。唐朝第九位皇帝，在位26年。谥"神武孝文皇帝"。在位前期，颇有中兴气象，但后期在全国范围内增收间架、茶叶等杂税，导致民怨日深。

■ 韩滉作品《五牛图》局部

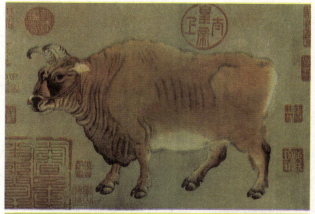

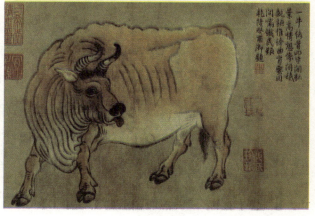

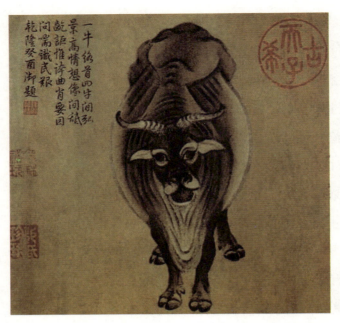

在谈到唐代人物画家的成就时，中晚唐画家程修己甚至认为韩滉人物画比张萱、周昉人物画还要完美："周侈伤其峻，张鲜忝其澹，尽之其为韩乎！"

■ 韩滉作品《五牛图》局部

程修己认为，周昉人物画过于夸张其丰硕之态而"伤"其俊秀之相，张萱人物画艳丽有余但缺乏生机，而韩滉人物画则能兼张、周之长又弃其不足，甚至达到了"尽善尽美"的境地。

韩滉人物画的成就固然突出，但韩滉最精妙的是牛畜画，这已经成为我国绘画史千载誉之佳话，韩滉作为"画牛专家"史有定论。

韩滉的《五牛图》是"我国的十大传世名画"之一，是少数几件唐代传世纸绢画作品真迹之一，堪称"镇国之宝"。

《五牛图》画在一张窄而长的桑皮纸上，全图除了一丛荆棘之外，不设任何背景，完全以牛为表现对象。如果不是对牛进行了细致的观察，对牛的造型描绘有十足把握的话是万不敢涉此绘画风险的。

图上五牛的姿态各异，或行，或立，或俯首，或昂头，使这些牛也有了性情：活泼的、沉静的、爱喧

线描 也叫白描。素描的一种，用单色线对物体进行勾画。在我国绘画中，线描既是具有独立艺术价值的画科，又是造型基本功的锻炼手段，还是工笔画设色之前的工序过程。线描不仅可以勾画静态的轮廓，还可以表现动态的韵律。

闹的、胆怯乖僻的，活灵活现，似乎触手可及。

尤其值得称道的是，五牛皆目光炯炯，深邃传神，将牛既温顺又倔强的性格表现得淋漓尽致。

画家勾勒牛的线条虽然简洁，但用粗壮雄健而富于变化的线描，表现了牛的骨骼和筋骨，以赭、黄、青、白等色彩表现五牛毛色的不同，而且根据牛体的凹凸施以不同颜色，具有立体感。

画家还着重刻画牛的眼睛及眼眶周围的皱纹，用尖细劲利的笔触细心描绘了五牛眼眶边缘的睫毛，通过细节的刻画，把每头牛独具的个性加以强调，使它们鲜明地显示出各自不同的神情。

观者分明能感觉到这五牛不但有生命、有情感，而且有各自不同的内心世界，这是人格化了的五牛。从五牛不同的姿势，各自的眼神，我们似乎可以感受到它的憨诚、健壮、朴厚、执拗、勤奋的性格。

对于韩滉牛畜画，南宋陆游谓之有生难见之"尤物"，元代赵孟頫称其为"希世名笔"，清代金农叹为"神物"，

■ 韩滉作品《五牛图》局部

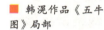

韩滉《文苑图》

钱维诚将韩滉与韩幹并称为"牛马专家"。而《五牛图》就是韩滉在牛畜画方面巨大成就的最有力的证明。

韩滉由于画艺高超，又对牛的生活习性熟悉，才能留下如此神妙绝品。他以淳朴的画风和精湛的艺术技巧，表现了唐代画牛所达到的最高水平。在鼓励农耕的时代，以牛入画有着非常的含义。

阅读链接

有一天，韩滉到郊外，看到远处一头耕牛翘首而奔，另有几头耕牛纵趾鸣叫。有的回头舐舌，有的俯首寻草。韩滉看得出了神。

一个月后，状貌各异的五头牛跃然纸上。一头牛在低头慢慢地食草；一头牛翘首向前奔驰，仿佛是撒野的猛兽；一头牛在回顾舐舌，露出一幅旁若无人的样子；另一头牛则纵趾而鸣，好像在呼唤着离去的伙伴；还有一头牛似乎在缓步走向田头，又仿佛耕地归来，令人回味无穷。整个画面，显示出农村古朴的风俗。

从五代十国至元代是我国历史上的近古时期。在这一时期，皴法在山水画中更为娴熟。宋代设立画院，繁荣画道，范宽、王希孟的山水画，顾闳中的人物画，张择端的风俗画，李公麟的白描花鸟画，在两宋蔚为壮观。元代又产生了黄公望这样的山水大家。

整个近古时期，山水画、人物画和花鸟画名家涌现，风格成熟，标志着我国传统绘画的三大画科的确立。

近古时期

画坛巨匠

北方山水画派之祖荆浩

画界巨擘

绘画名家与绝代精品

    荆浩（约850年—？），字浩然，号洪谷子。生于五代时山西沁水，一说河南济源。因避战乱，常年隐居在太行山上。我国五代后梁最具影响的山水画家。在历代绘画史籍和著录书中，记有荆浩作品约共五十余幅，其中山水画占绝大部分，也有少量人物画。

    荆浩的山水画吸取了北方山水雄峻气格，作画勾皴之笔坚凝挺

峭，表现出一种高深回环、大山堂堂的气势，为北方山水画派之祖。他开创的山水画派，在我国画坛具有十分深远的影响。

    所著《笔法记》提出气、韵、景、思、笔、墨的绘景"六要"，为古代山水画理论的经典之作。现存作品《匡庐图》《雪景山水图》等。

北方山水画派之祖荆浩画像

荆浩生于唐朝末年，士大夫出身。在五代后梁时期，因政局多变，退隐不仕，开始了"隐于太行山之洪谷"的生涯，故自号洪谷子。洪谷位于河南省开封之北100千米左右的林县。林县在唐时名林虑县，这里山势雄伟壮丽，幽深奇瑰，历代多有隐逸者。荆浩在这样幽美的环境中，躬耕自给，常画松树山水。

荆浩兼得吴道子用笔及项容用墨之长，创造水晕墨章的表现技法。他在用笔方面融入了篆隶书法的骨力，在皴法上还处于探索之中，面貌不一。

荆浩身处洪谷，他放眼于

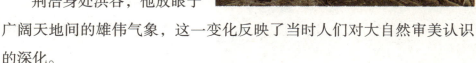

雪景山水图

广阔天地间的雄伟气象，这一变化反映了当时人们对大自然审美认识的深化。

荆浩把在现实中观察到的不同部位、形貌的山峦水流，分别定名为：峰、顶、峦、岭、岫、崖、岩、谷、峪、溪、涧等，他还指出从总体上把握自然山水的规律。

正是在从上下、远近、虚实、宾主以及各种物象的全方位审视中，形成了"山水之象，气势相生"的整体观念。使他在创作中往往危峰突兀，重岩叠嶂，林泉掩映，气势浩大。

在历代绘画史籍和著录书中，如《宣和画谱》《云烟过眼录》《图画精意识》《式古堂书画汇考》和《庚子消夏记》等书中，著录荆浩作品共有50余幅，其中山水画占绝大部分，也有少量人物画。

以上史籍和著录中记载的作品除《匡庐图》尚存，其他均已失传。至于目前传为荆浩所作的美国纳尔逊美术馆收藏的《雪景山水图》、日本大阪市立美术馆收藏的《江山瑞霭图》和我国台湾收藏的《渔乐图》，其真伪都存有争议。

《匡庐图》中的"匡庐"即庐山，又名匡山，传说殷周时期匡裕结庐隐居于此。庐山，也是隐士喜爱结庐之地。画中描绘崇山峻岭、群峰环抱之势，叠嶂耸入云霄，瀑布直泻、飞流直下三千尺，正符合骚人墨客心中完美的庐山形象。这幅画"匡庐"的标题，乃是根据元人柯九思在画上所题"写出庐山五老峰"而来。

《匡庐图》整个画面层次分明。

第一个层次，在一个宽阔的水面有一艘小船，船夫在慢悠悠地撑着小船要靠近岸边，似乎要将观赏者带入那美丽的画境。由石坡而上，山脚画有屋宇院落，竹篱树木环绕，屋后有石径环

■《渔乐图》

绕着山。山脚下一片苍茫，有长堤板桥，有一个人骑马欣赏美景，悠然自得。

再一个层次，两悬崖之间有飞瀑喷泻而下，击在石头上似乎发出轰轰的声音。顺着路径而上，一个小木桥横架于溪涧之间，两边危壁高立，似乎让人感觉人在空中而不是在地上。

在陡峭的山势之中，山崖垂直而下，就好像用一把利斧直劈而下，但往下劈的时候没有太多的规范，使整个山崖更加险峻。前面的山峦和后面的山峦有机地组合在一起，使人看起来山与山之间也有宾客之分，也有君臣之分，后面的山似乎在向前面的山作揖打躬。

画中的山不多也不少，山多了会使整个画面显得很乱变得更加拥挤；而山少了会让人感觉到山的单薄和画面的空白。

山的远近分明，远处的

荆浩作品《匡庐图》

■ 荆浩的作品《匡庐图》局部

构图 绘画时根据题材和主题思想的要求，把要表现的形象适当地组织起来，构成一个协调的完整的画面称为构图。它是造型艺术表达作品思想内容并获得艺术感染力的重要手段。构图这个名称在我国国画画论中，不叫构图，而叫布局，或叫经营位置。

山不连接近处的山，而近处的山也不远离远处的山；在水和水之间也是和山与山之间的一样。

在山腰中，山峰似乎迂回拥抱在一起；在山脚下，有一些房屋、小桥点缀着整个画面，使画面看起来更加生动。在整幅画中，树的形态也是不一样的。树枝曲中见直，瘦劲有力。

画中的树排列得很有曲线，群山把树林当成了一种屏障，而树林也把山当作一种依靠。

就像人与衣服一样，人是山而衣服是树林，山借树林为衣，树林借山为骨。树木虽多却不繁密显得山的秀丽，而山的不拥挤也显得山的挺拔。

在树林森密的地方有一家旅店，在旅店的旁边有一古渡，古渡旁边有水，水面显得十分宽阔。画家把后面的叠水以及水墨微妙的层次处理得很好，从而避免了山中的瀑布因为线条的处理而显得生硬。

画家采用了水墨晕染的方法以及丰富的层次，体现了山、水、树和景物之间的距离。

这幅画的画面真实感很强，可以看出画家对自然景象的真实体验是非常深刻的。整幅画感觉是笼罩在一片雄伟刚劲与寂寞幽静的相互交融之中，似乎是在一种寂静的感觉中来到了一个远离人间烟火的世界，而不是依然存在于那个现实的世界之中。

在这么一个与山水相伴的自由世界里才发现，这不正是自己所要追求的境界吗？

在构图上，《匡庐图》从画面上看是"鸟瞰式"的全景构图。画家从不同的视点去观察山峰、村舍、路径和飞流的瀑布，并把它们巧妙地融合在一起，使整个画面的空间层层推进。

将最高的主峰置于群峰的簇拥之中，更显得气象万千，气势磅礴，表现出了一种"天地山水之无限，宇宙造化之壮观"的局面，从而体现出了北方山水的壮观和美丽。画家采用"平远"和对角线的构图设计，显然受到了北宋末流行的小景山水画的影响。

在笔法上，《匡庐图》主峰由垂直片状的山体结

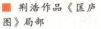
■ 荆浩作品《匡庐图》局部

构而成，山石的轮廓用尖锐转折的笔法勾勒，边缘整齐，仿佛刀切割过，并在岩面内侧施浓墨，靠近轮廓的外侧留白。这一类山岩的造型和笔描，显现出浓厚的仿古意味。

画家以密如雨点的皴纹，刻画岩石粗粝坚硬的质理。除了点、擢的中锋用笔外，还可见到侧锋斜砍的笔法。这种小斧劈皴的使用，显示此作与北宋末宫廷画院的风格密切相关。

前景几棵松树伫立于烟雾中，松树干的质理和尖细的松针描绘十分细腻写实，可见画家观察自然入微，并且具备高超的写生技巧。

荆浩是我国山水画发展过程中具有重要影响的画家之一。他不仅创作了不朽的传世名画《匡庐图》，还为后人留下著名的山水画理论《笔法记》，以假托在神镇山遇一老翁，在互相问答中提出了气、韵、思、景、笔、墨的所谓绘景"六要"，是古代山水画理论中的经典之作，比更早时期南齐谢赫的"六法论"有所发展，具有更高的理论价值。

荆浩的理论与实践，标志着古代山水画体的完全独立与艺术成熟，荆浩因此被尊称为"北方山水画派之祖"。

阅读链接

荆浩隐居洪谷时，曾与当时邺都青莲寺住持大愚互赠诗画。大愚曾以诗乞画于荆浩，请他画一幅松石图，荆浩果然画成，并和诗连同画赠给大愚。从两人相互赠答诗中，可以看出他们不同寻常的关系。

大愚曾在诗中说："六幅故牢建，知君恣笔踪。"显然讲的是另一件事。

"六幅"可解释为六张画，也可释为一张篇幅很大的画。"故牢建"是说依然稳妥地收藏着，保存完好。正因大愚以往曾得到过荆浩之画，所以才能说"知君"如何如何。

南派山水画鼻祖董源

　　董源（？—约 962年），又称董元，字叔达。生于五代时江西钟陵，即今江西省进贤县。五代南唐著名画家，南派山水画鼻祖。他开创的南派山水画，具有深远影响。他擅长画山水，兼工人物、禽兽。他的疏林远树，平远幽深，皴法状如麻皮，后人称为"披麻皴"。

　　董源的水墨山水，影响很大，后世将其与巨然并称"董巨"，成为南方山水画派之祖；与李成、范宽并称为"北宋三大家"；又与荆浩、巨然、关仝并称"五代、北宋间四大山水画家"。存世作品有《潇湘图》《夏山图》《溪岸图》和《龙宿郊民图》等。

■ 南方山水画开创者董源画像

点苔法 我国画技法名。用毛笔做出直、横、圆、尖，或如"介""个"等字的点子，表现山石、地坡、枝干上和树根旁的苔藓杂草，以及峰峦上的远树等，在山水画构图经营中广为应用。历代画家重视点苔法。

汤垕 字君载，号采真子，山阳，即今江苏省淮安人。元代美术鉴赏家。曾经在京师与鉴画博士柯九思论画，遂著画监，上自三国曹不兴，下至元龚开、陈琳，专论鉴藏名画之方法与得失，又多从画法立论，尤得要领。

■ 董源绘画作品《潇湘图》

作为山水画家，董源不专一体，他也能画牛、虎、龙及人物。但比较而言，他最有独创性而且成就最高的是水墨山水。他运用披麻皴和点苔法来表现江南一带的自然面貌，神妙地传写出峰峦晦明、洲渚掩映、林麓烟霏的江南景色。

他用笔甚草草，在技巧上富有创造性，其笔墨技法与他所表现的南方特定景色是完全适应的，其山水多以江南真山入画而不为奇峭之笔。

元代美术鉴赏家汤垕的《画鉴》里记载：董源山水有两种：一样水墨，疏林远树，平远幽深，山石作为披麻皴；一样着色，皴文甚少，用色浓古，人物多用红青衣，人面也有粉素者。两种皆佳作。

董源擅画水墨及淡着色山水，喜用状如麻皮的皴笔表现山峦，上多石块苔点，多画丛树繁密，丘陵起伏，云雾显晦和溪桥渔浦、汀渚掩映的江南景色，后人称其所作平淡天真，为唐代所无。也有设色浓重之作，山石皴纹甚少，景物富丽。

此外，董源很重视山水画中点景人物的刻画，每每都带有风俗画的情节性，有时实为全画的题旨所系。虽形体细小，但人物皆设青、红、白等重色，与水墨皴点相衬托，别饶一种秾古之趣。

五代至北宋初年是我国山水画的成熟阶段，形成了不同风格，后人概括为"北派"与"南派"两支。董源作为"南派"山水的开山鼻祖，其存世作品《潇湘图》《夏山图》《溪岸图》《笼袖骄民图》等，集中体现了他的披麻皴、点苔法以及人物刻画等艺术成就，代表了"南派"山水的最高成就。

■ 董源绘画作品《夏山图》

《潇湘图》中的"潇湘"，指湖南省境内的潇河与湘江，两水汇入洞庭湖。图绘一片湖光山色，山势平缓连绵，大片的水面中沙洲苇渚映带无尽。此图被画史视为"南派"山水的开山之作。

画面中以水墨间杂淡色，山峦多运用点子皴法，几乎不见线条，以墨点表现远山的植被，塑造出模糊而富有质感的山型轮廓。墨点的疏密浓淡，表现了山石的起伏凹凸。

画家在作水墨渲染时留出些许空白，营造云雾迷蒙之感，山林深蔚，烟水微茫。山水之中又有人物渔舟点缀其间，赋色鲜明，刻画入微，为寂静幽深的山林增添了无限生机。

《夏山图》展现了江南峰峦叠翠，云雾缭绕，林木繁茂的夏日景致，画中绘有许多辛勤劳作的山民和家畜，洋溢着浓厚的自然气息和生活情趣。

披麻皴 山水画皴法之一，也称"麻皮皴"，由五代董源创始。披麻皴以柔韧的中锋线的组合来表现山石的结构和纹理。披麻又分长披麻、短披麻两种，用中锋笔，圆而无圭角，弯曲如同画兰草，一气到底，线条道劲，不可排列必须有参差松紧，点法如"一"字或"混点"。

画家取全景式的横向构图，从"高远"取景，郁郁苍苍、朴茂华滋，浓厚朗润的山色与远近相形、虚实掩映的空间感是此画的两个重要特点。

图中央是起伏连绵的山峦，上部是一道一道的山峦，由近向远逐渐推展开，山峦与沙碛都同中央的山峦相平行的。

图的下部水面空阔，一道道沙碛和坡丘在水上和岸边延伸推展，沙碛与河岸之间，两人泛一叶扁舟顺水漂荡，岸上树木丛生，百草丰茂，似有牛羊在悠闲地吃草。

图中所绘杂木或顾盼有姿，或静穆伫立，形态各异。远山的体势、脉络起承转合得自然分明，峰峦起伏平缓，坡丘相抱，山势在聚拢和延展中作有节奏的变化状。

为了加强画面的纵深感，画家在图中虚处绘出流动着的烟云和溪流。作者还大胆采用了平行构图法。然而平行使用过多极易引起平均，使画面显得单调，但画家用了一些处理手法避免了这一后果。

首先，画家以蜿蜒起伏的线形勾画山峦形状，在参差错落间使山与山显出相连之处；其次，画家在对画面的皴染中把墨色分出浓淡，点线分出疏密。画

皴染 中国画的一种画法。皴，画中用以表现山石、峰峦和树身表皮的脉络纹理；染，用墨水或淡彩润刷画面，不露笔痕，以分阴阳向背，加强物象的立体感。皴法是中国画表现技法之一。古代画家在艺术实践中，根据各种山石的不同地质结构和树木表皮状态，加以概括而创造出来的表现程式。

家对不同的峰峦皴染程度也不同：近处的墨色较深，远处的则以淡湿的墨色勾染，从而造成距离上的差异感。此外，画家把景物穿插其间，打破了平行的规整格局。整幅图气势雄伟苍郁，表现手法抽象简练，将夏日自然中蕴藏的那种勃发的生命活力和躁动的气氛全盘托出，值得人再三赏读回味。

《夏山图》是江南山水画作品的典范，是董源的代表作之一，代表了五代南唐山水画的最高成就。

《溪岸图》绘隐士的山居生活：

两座山之间的山谷，有溪水曲折蜿蜒而下，汇成一个波纹涟漪的溪池。池岸有竹篱茅屋，后院有女仆在劳作，篱门前有牧童骑牛，小道上有农夫赶路，一亭榭伸入水中，高士倚栏而坐，举目眺望，神态极其悠闲，其夫人则抱儿与仆女嬉戏于旁，一派平淡然而其乐融融的生活情景。

屋后山腰有悬泉沿级而下，至山脚汇集于溪池。水流及涌波以细线勾画，一丝不苟，犹是唐人风范。

此图以立幅构图来表现山野水滨的隐居环境，上端绘崇山峻岭，耸立的山口间露出一股溪流蜿蜒而下；山涧又有流泉飞瀑，在山脚下汇聚；山麓筑有竹禽茅舍，岸边水榭中高士闲坐。

此画以墨色染出山石体面，溪水波纹以细笔画出，在董源的传世作品中很

■ 董源绘画作品
《溪岸图》

■ 董源作品《溪岸图》局部

少见。山石以淡墨勾、皴，重在以淡墨层层渲染，很少加点，而用浓墨染山石之交接处以醒出结构。

这似乎仍是唐代王维的"水墨渲淡"的方法。山体均不高峻，而其形态，则似大浪涌起，数座山峰齐向左似排浪涌动，这却是前无古人的。

浪头之崖巅，前后堆叠，望去隐约有"矶头"之形态。而向下的悬崖，则似侧倾的浪谷。我国山水画十分注重山势的脉络，但这样的带有强烈的动态的山体，却不多见。

《龙宿郊民图》是董源重要的传世作品之一，它描绘了居住于江边山麓的民众庆贺节日的情景。此图以山为主，右侧的两座大山占据了画面的大半，山顶且有矶头。

山下水面空阔，溪流蜿蜒，树木茂密成林。山下的人家在树头挂起了灯笼，溪边又有两条舟船，上竖彩旗，数十人自岸及舟联臂排列，似正在表演庆贺的歌舞。山下道路上点缀着一两行人，似在赶路，又似在游览。这幅图画的用意应该是表现清雅的江南山水中居人生活的舒畅和愉悦。

此画系绢本，青绿设色，无款，亦无宋、元人旧题，纵156厘米，横160厘米。此图以水墨浅绛为骨，山体上依山石结构创造性地施以密密的披麻皴，虽说不上峥嵘奇峻，却也不失自然恬淡，正所谓"不装巧趣，皆得天真"。

关于图名，明詹景凤《东图玄览编》称其为《龙绣交鸣图》。因为董其昌偏爱董源的画，千方百计从他人手中寻觅得四图，鉴定为董源所绘，便取其堂名"四源堂"以藏之。图都无名，他便依北宋《宣和画谱》所记，一一将这四幅图画定名为《潇湘图》《夏山图》《秋江行旅图》，又将《龙绣交鸣图》改名《龙宿郊民图》。董其昌搞不清"龙绣交鸣"是何意，便谓此图是宋太祖下江南时地方上用以进贡的，于是自作主张改名为《龙宿郊民图》。

然而后来经历史考证，宋太祖并未亲征江南，而图下方水边有众人聚于岸及船上，"联臂舞跃，古者拔河之戏"，清乾隆皇帝便猜测是"郊民见龙宿祈雨所陈"。

后来又有《龙袖骄民图》之说，意谓天子脚下骄养之民，图名含

■ 董源作品《龙宿郊民图》

义即太平时代居住在天子脚下的幸福之民，图上所绘内容当是节日嬉娱之景。

董源所创造的水墨山水画新格法，当时得到巨然和尚的追随，后世遂以"董巨"并称。在宋代，除了米芾、沈括十分欣赏他们之外，一般论者对董巨的评价并不高。

至元代，取法"董巨"的风气渐开。元代著名的美术鉴赏家汤垕认为"唐画山水至宋始备，如源又在诸公之上"，对董源有了新的认识。

元末四家和明代的吴门派，更奉董源为典范，明末"南北宗"论者也在祖述董源。元代画家黄公望说："作山水者必以董为师法，如吟诗之学杜也。"清代画家王鉴说："画之有董巨，如书之有锺王，舍此则为外道。"

董源在后世能够产生如此深远的影响，在我国山水画史上是罕见的。

阅读链接

将董源水墨山水画风扩展的是他的门人巨然，巨然是在南京开元寺受业的。大约在这个时期，巨然成为董源的门人。

975年，宋太祖赵匡胤灭南唐，后主李煜被掳往汴京，南唐翰林图画院自然解体，不少画院画家被胁迫到汴京，在宋朝的翰林图画院里供职。

巨然在这种情形下从南京来到京师，居开宝寺为僧。巨然山水的构成，虽出自董源，但自成一格。巨然是一位有创造性的艺术家，后人把他与董源并称"董巨"，他的画风对后世江南山水派很有贡献。

北宋山水画大师范宽

范宽（？—1031年），名中正，字中立。生于宋代陕西华原，即今陕西省耀县。北宋画家。擅长画山水，为北宋山水画三大名家之一。范宽的绘画在宋时即已出名，《宣和画谱》著录当时宫廷收藏他的作品达58件，米芾《画史》提到所见真迹30件。

范宽的画峰峦浑厚端庄，气势壮阔伟岸，令人有雄奇险峻之感。

范宽存世作品，有《溪山行旅图》《雪山萧寺图》《雪景寒林图》《临流独坐图》《关山雪渡图》《万里江山图》《重山复岭图》等。

■ 北宋画家范宽画像

■ 范宽作品《雪山萧寺图》

雨点皴 也叫豆瓣皴，为长点形的短促笔触，常用中锋稍间以侧锋画出。它能表现山石的苍劲浑厚。在画史上运用雨点披的成功范例是北宋范宽，他的皴法被人称为"枪笔"，他的山水具有"山峦浑厚，势状雄强"的独特风格。

范宽早年师从荆浩、李成，后来他觉悟到应当重视对自然山川景物的观察和体验，因此，他便长期生活于陕西华山和终南山等处，日日观览云烟惨淡风月阴霁的微妙变化，对景造诣，将崇山峻岭的雄强气势和老树密林的荒寒景色，生动地现于笔下。

范宽画山石落笔雄健老硬，以短而有力的笔触，被后人称为"雨点皴"，画出了岩石的形貌质感。善用雨点皴和积墨法，是范宽独有的风格。

北宋后期画家王诜将李成与范宽的山水画相比较，比喻为"一文一武"，这说明范宽的山水形象与李成的烟林情旷、气象萧疏的情调体貌相反，而别具风格。

范宽的作品多取材于其家乡陕西关中一带的山岳，雄阔壮美，笔力浑厚。注意写生，多采用全景式高远构图，著名书画家米芾在其《画史》中说"范宽山水，显显如恒岱"。

范宽还善画山中雪景，是其一大创造，被誉为"画山画骨更画魂"。所画的崇山峻岭，往往以顶天立地的章法突出雄伟壮观的气势，山麓画以丛生的密林，成功地刻画出北方关陕地区"山峦浑厚，势状雄强"的特色，被誉为"得山之骨""与山传神"。

由于年代久远，范宽的真迹现存并不多，但是仅存的数件均为精品。如《雪山萧寺图》《雪景寒林图》《溪山行旅图》等。

《雪山萧寺图》表现大雪覆盖下的深山幽谷，点缀以古寺、关隘、寒泉及行旅情节等。皴笔不多而健硬有力，章法严整而有变化，墨色染出阴霾的天空，益加衬托出雪岭高寒的气氛。

《雪景寒林图》画面上群山重重壁立，气势苍茫，深谷危径，枯木寒柯，隐现寺观，山麓水边密林数重，后有村居屋舍，一人开门而望。此图以沉稳老辣的笔墨，画出雪后北方山川奇观。

山势嵯峨，岩壑幽深，近处树木形象甚有姿态，平远处也有峻岭起伏，折落而有气势。此图被公认为北宋范氏流派中之杰作。

范宽画山峰善作冒雪出云之势，由以上两图中就可见其面貌。

《溪山行旅图》是范宽的代表作，也是我国绘画史中的杰作。画面中巍峨的高山顶立，矗立在画面正中，占有三分之一的画面，顶天

■ 范宽作品《雪景寒林图》

积墨法 积墨，即层层加墨。这种墨法一般由淡开始，待第一次墨迹稍干，再画第二次、第三次，可以反复皴擦点染许多次，甚至上了颜色后还可再皴、再勾，画足为止，使物象具有苍辣厚重的立体感与质感。

关仝 也称关同、关穜。长安，即今陕西省西安人。五代后梁画家。他所画山水颇能表现出关陕一带山川的特点和雄伟气势。北宋米芾说他"工关河之势，峰峦少秀气"。在山水画的立意造境上能超出荆浩的格局，而显露出自己独具的风貌，被称为关家山水。

■《溪山旅行图》

立地，壁立千仞，予人以鲜明的印象。

山头灌木丛生，结成密林，状若覃菌，两侧有扈从似的高山簇拥着。树林中有楼观微露，小丘与岩石间一群驮队正匆匆赶路，在静谧的山野中仿佛使人听到水声和驴蹄声。

细如弦丝的瀑布一泻千尺，溪声在山谷间回荡，景物的描写极为雄壮逼真。

山脚下雾气迷蒙，近处大石兀立，老树挺生，溪水潺潺。山路上有旅人赶着驮队走过，人畜虽皆画得小如蚂蚁，然却真实生动，使人仿佛能听到驴蹄"得得"之声。自然与人世的生命活动处于和谐之中。

范宽发展了荆浩的北方山水画派，并能独辟蹊径，因而宋人将其与关仝、李成并列，誉为"三家鼎峙，百代标程"。

元代画家汤垕《画鉴》则认为"宋世山水超越唐世者，李成、董源、范宽三人而已"，又谓"董源得山之神气，李成得山之体貌，范宽得山之骨法，故三家照耀古今，为百代师法"，对范宽的艺术作出了很高的评价。

据文献记载，宋代师法范宽的画家有黄怀玉、纪真、商训、宁涛等人，南宋的李唐好学范宽，其后又有马远、夏圭等人学习李唐，使得整个

南宋时期的山水画几乎全部出自范宽一系。

■元代画家关仝《山溪待渡图》

后人将范宽与李成、董源两人合称"宋三家"，之后的"元四家"、明朝的唐寅，以至清朝的"金陵画派"和现代的黄宾虹等大师，都受到了范宽画风的影响。

元朝大书画家赵孟頫称赞范宽的画"真古今绝笔也"，明朝大画家董其昌评价范宽"宋画第一"。但是也有人有不同意见，比如苏轼虽然非常推崇范宽，却觉得其画"微有俗气"，与我国古代文人淡雅风格略有不符。

2004年，美国《生活》杂志将范宽评为上1000年对人类最有影响的百大人物第五十九位。

阅读链接

范宽开始学画的时候，只是一笔一笔地临摹别人的画，但结果成效不大。

后来他听人说，要想真正画好山水画，应该拜大自然为师。于是，他就搬到山里去住了。每天天一亮，他就跑到山里头去仔细观察周围的山水树木等，直至很晚才回来。

天长日久，他画了好些山里头不同景色的画，跟他过去临摹的画一比较，那气势就完全不同了。后来有人问他是怎么画出来的，他深有体会地说："画山水就得了解山水。大山大自然就是我的学堂。"

少年天才画家王希孟

　　王希孟（1096年—1119年），宋代著名画家，擅长作青绿山水画。他18岁时画成《千里江山图》，不久便离开了人世。他在画院里得到了众多画师的指导，有大量画迹临摹，再加上本人的刻苦学习，勇于实践，是使这位青年画家创作出这件著名作品的主要原因。

　　王希孟可以称得上我国绘画史上仅有的一位以一张画而名垂千古的天才少年。所作宏幅巨制《千里江山图》气象非凡，为青绿山水画中的一幅巨制杰作。"我国十大传世名画"之一。传世画迹有《千里江山图》《江山秋色图》等。

■ 天才画家王希孟画像

王希孟是一位天才而又不幸早亡的优秀青年画家。据说他曾受到一代艺术帝王宋徽宗赵佶的亲自指点，终成大器，绘成了《千里江山图》。此图绘成不久，王希孟就英年早逝，《千里江山图》也成了他的"千古绝唱"。

《千里江山图》卷后有宋代蔡京、元代溥光和尚二跋，钤"缉熙殿宝""乾隆御览之宝"等印28方。经宋代的蔡京、内府，元代溥光，清内府等的收藏，《石渠宝笈初编》等著录。上述信息证明，此画是真迹无疑。

《千里江山图》描写岗峦起伏的群山和烟波浩渺的江湖。依山临水，布置以渔村野市，水榭亭台，茅庵草舍，水磨长桥，并穿插捕鱼、驶船、行路、赶脚、游玩等人物活动。

《千里江山图》形象精细，刻画入微，人物虽细小如豆，而意态栩栩如生，飞鸟虽轻轻一点，却具翱翔之势。

山石皴法以披麻与斧劈相结合，综合了南、北两派的特长，设色继承了唐以来的青绿画法，于单纯统

溥光 又称普光，字玄晖、元晖，号雪庵、雪窗。俗姓李。元代的僧人。诗画文书俱成妙趣。赵孟頫尝荐之于朝，赐号"玄悟大师"。

蔡京 字元长。兴化仙游，即今属福建省人。北宋权相之一、书法家。蔡京书法以唐人风格特别是柳公权立身，劲健矫捷，虽魄力甚强而含蓄不足。画家董其昌说："元长书法似米南宫。"墨迹有《节夫帖》《宫使帖》等。

■ 王希孟巨作《千里江山图》局部

■ 王希孟巨作《千里江山图》局部

没骨法 国画术语，直接用彩色作画，不用墨笔立骨的技法叫作没骨法。最初相传由南朝张僧繇创始。其形式是用青绿重色画的山水画，并染出明暗部分，与西画的形式相似。在敦煌石壁画中，也有这样的画例。

一的蓝绿色调中求变化。用赭色为衬托，使石青、石绿颜色在对比中更加鲜亮夺目。

整个画面十分雄浑壮阔，气势磅礴，充满着浓郁的生活气息，将自然的山水，描绘得如锦似绣，分外秀丽壮美，是一幅既写实又富理想的山水画作品，全图既壮阔雄浑而又细腻精到，不愧是青绿山水画中的宏幅巨制。

在构图上，画家以"咫尺有千里之趣"的表现手法和精密的笔法，描绘了祖国的锦绣河山。布局交替采用深远、高远、平远的构图法则，撷取不同视角以展现千里江山之胜。

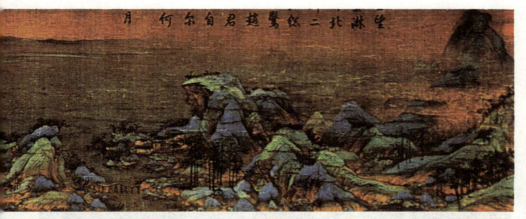

画面千山万壑争雄竞秀，江河交错，烟波浩渺，气势十分雄伟壮丽。山间巉岩飞泉，瓦房茅舍，苍松修竹，绿柳红花点缀其间。山与溪水、江湖之间，渔村野渡、水榭长桥，应有尽有，令人目不暇接。

在运笔上，画家继承了传统青绿山水画法，更趋细腻严谨，点画晕染均能一丝不苟，人物虽小如豆，却形象动态鲜明逼真。万顷碧波，皆一笔一笔画出。渔舟游船，荡漾其间，使画面平添动感。

用勾勒画轮廓，也间以"没骨法"画树干，用"皴点"画山坡，丰富了青绿山水的表现力。人物活动栩栩如生，充满了作者对美好生活境界的向往。

在用色上，画家全面继承了隋唐以来青绿山水的表现手法，突出石青石绿的厚重、苍翠效果，使画面爽朗富丽。

■《千里江山图》局部

石青石绿是矿物颜料，本来覆盖性就很强，经层层叠加，质感凝重，与整幅画的墨青、墨绿基调浑然一体，鲜艳而不媚俗。虽然不似金碧山水那样勾金线，却依然感觉满幅富丽堂皇，这也就是此图较之前唐的青绿山水更趋成熟之处。

画家于单纯的青绿色中求变化，有的浑厚，有的轻盈，水、天、树、石间，用掺粉加赭的色泽渲染，使画面层次分明，鲜艳明亮如宝石之光，灿烂夺目。

阅读链接

王希孟10多岁入宫画院做学生，后被召入禁中文书库，侍奉宋徽宗左右。他曾经数次献画，都未显出功力，但宋徽宗赵佶却能慧眼独具，认为"其性可教"，便亲自指点笔墨技法，使他画艺精进，画技超越。

经宋徽宗悉心教诲，王希孟终成大器。1113年，年仅18岁的王希孟用了半年时间，终于绘成名垂千古之鸿篇杰作《千里江山图》。

可惜的是，王希孟画完此图后就英年早逝，《千里江山图》是这位天才画家留下的唯一的作品。

五代人物画高手顾闳中

顾闳中（约910年—约980年），江南人，五代十国中南唐人物画家。在史料中关于他的创作活动记载甚少。其画用笔圆劲，间以方笔转折，设色浓丽，擅长描摹人物神情意态。他的唯一传世作品为《韩熙载夜宴图》，是"我国十大传世名画"之一。

该画描绘了在政治上郁郁不得志的韩熙载纵情声色的夜生活，成功地刻画了韩熙载的复杂心境。该画的艺术成就，表明我国五代时期人物画创作的水平，也使顾闳中在我国绘画史上永远占有一席之地，并且具有深远影响。

■ 人物画家顾闳中画像

画界巨擘

绘画名家与绝代精品

顾闳中于唐朝末年登进士第，后来，因为战乱逃往南方避乱，曾任南唐中书侍郎、光政殿学士承旨等官。由于当时江南战争较少，有比较优越的自然与生产条件，像韩熙载那样的官僚士大夫生活奢侈糜烂，大多蓄有歌伎。

南唐后主李煜听说韩熙载生活"荒纵"，即派画院顾闳中深夜潜入韩宅，窥看其纵情声色的场面，目识心记，回来后画成一幅《韩熙载夜宴图卷》。这是顾闳中唯一的传世作品，但有人将此画断为宋人摹本，未得公认。

《韩熙载夜宴图》以屏风为界，将画卷分为5个故事情节：

第一段，端听琵琶。夜宴开始，宾客满堂。一共有7男5女，共12人。宴会像是在内室举行，空床幔帐高挂，杂乱地放着锦被，在床的一角，有一个琵琶。

整个画面，最值得注意的有4个人。一个是韩熙载，一个是状元，一个是演奏琵琶的歌伎，还有一个

■《韩熙载夜宴图》
第一段端听琵琶

侍女。韩熙载留着长长的胡子，戴着高高的帽子，穿着黑色的衣服端坐在几上，心情沉重，好像在凝思。

在韩熙载的旁边，穿红衣者，是状元郎粲，一手撑在几上，一手抚着膝盖。身体前倾，全神贯注地在听琵琶演奏。

在韩熙载的对面有一个小几，上面坐着教坊副使李嘉明和他的妹妹，即韩熙载的宠妓，她正在专心致志地弹拨琵琶。全场所有的人都专注地听她弹拨琵琶，无论是主人还是客人，都已经进入了音乐的奇妙世界，浑然忘却了一切，沉醉在旋律之中。

在画面中的一个角落，有一个侧室，门半掩，有一个侍女，被音乐所吸引，露出半个身子，为妙解音乐而会心微笑。

第二段，击鼓助舞。韩熙载换了一件浅黄色的衣服，挽袖举槌击鼓，但是看他的神情，眼神呆滞，双眉紧蹙，面色凝重，好像心事重重。与欢乐的场面形成鲜明的对照，揭示出这位纵情声色的官僚的复杂内心世界。

六幺舞 又称绿腰舞，其特征就是"以手袖为容，踏足为节"。《全唐诗》李群玉《长沙九日登东楼观舞》诗中以"慢态不能穷，繁姿曲向终。低回莲破浪，凌乱雪萦风。坠珥时流盼，修裾欲溯空。唯愁捉不住，飞去逐惊鸿"这样的语句描绘了六幺舞动人的舞姿。

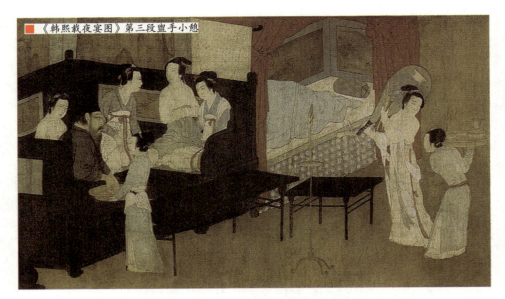

■《韩熙载夜宴图》第三段盥手小憩

在他的对面，就是娇小美丽的韩熙载宠妓，她身穿窄袖长袍，叉腰抬足，正在跳当时非常流行的"六幺舞"。这个舞蹈是女子独舞，舞姿十分优美。

穿红衣的状元郎粲，坐在鼓边，斜着身子，神情专注地看跳舞。其余的人，都在打着拍子。气氛非常热烈。

第三段，盥手小憩。歌舞进行了一段时间，于是大家累了，宾客便稍事休息。

韩熙载退入内室，兴致极好。床空着，他不想睡，4个侍女围着他交谈，他在洗手。在床前有一支燃烧着的蜡烛，点出了夜宴的主题。

这时，韩熙的宠妓拐过屏风，扛着琵琶进来了，她一下子吸引了韩熙载的目光，我们似乎可以窥视韩熙载的内心世界。

第四段，闲对箫管。转过屏风，韩熙载又和侍女在一起。韩熙载经过了击鼓饮酒，身体发热，于是，脱掉外衣和鞋子，袒胸露腹，坐在椅上。他的身边有3个侍女，他身后那个侍女垂首而立，似乎在等待他的召唤；他身旁的侍女手拿纨扇；他对面的侍女好像正在向他禀报什么事情。

在禀报的侍女身旁有5个侍女，绮罗艳装，她们都在奏乐。或吹箫，或吹笛，好不热闹。其中一个男人，大约是韩熙载的门人，正在用木板打出节拍。

第五段，依依惜别。歌舞盛宴结束了，夜也深了，客人们陆续地离开了。最右侧有一男三女。黑衣男人旁边有两个女人，她们似乎并不想离开，很亲热地说着什么。

韩熙载看到了，但是，身穿黄袍的他，很平静地站在那里，没有制止。也许，这是每天要上演的最后一幕。

顾闳中通过"目识心记"把韩熙载的夜宴描绘得绘声绘色，真实可信。李煜看到这幅画，就把它给韩熙载看。韩熙载看到后，依然我行我素，夜夜笙歌。但是，这幅作品确实是我国绘画史上脍炙人口的稀有珍品。

《韩熙载夜宴图》虽然是一幅由听琴、观舞、休闲、赏乐和调笑5个既可独立成章，又相互关联的片断所组成的画卷，但无论是造型还是用笔、设色方面，都显示了画家的深厚功力和高超的绘画技艺。

全局构图张弛、疏密有序；人物刻画精细、传神、古朴、大气，并通过对韩熙载头像的细致描绘，成功地表现出韩熙载当时的心理状态。整幅画面主要人物反复出现，可以说是一幅长卷式的连环画。

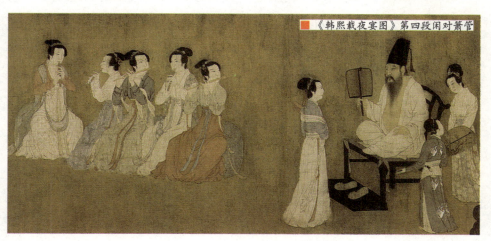

《韩熙载夜宴图》第四段闲对箫管

画界巨擘

绘画名家与绝代精品

■《韩熙载夜宴图》
第五段依依惜别

蒙太奇 原为建筑学术语，意为构成、装配。在艺术领域，可解释为有意涵的拼贴剪辑手法。一般包括画面剪辑和画面合成两方面，画面剪辑是由许多画面或图样并列或叠化而成的一个统一图画作品；画面合成是制作这种组合方式的艺术或过程。

画面第一段之间的连接，处理得当，完全没有生硬和重复之感，使人感到若在其中。正如长卷山水画一样，把人带到了画卷之中，可望而且可行。

这种非同凡响的构图方式，使画面段落分明而统一，结构完整而灵活，更富于艺术感染力。

《韩熙载夜宴图》被美术家誉为"孤幅压五代"，其构图之严谨精妙，人物造型之秀逸生动，线条之遒劲流畅，色彩之明丽典雅，在技巧和风格上比较完整地体现了五代人物画的风貌，表明了我国五代时期人物画创作的水平，是"我国十大传世名画"之一。

《韩熙载夜宴图》不仅仅是一幅描写私人生活的图画，更重要的是它反映出那个特定时代的风情。由于作者的细微观察，不放过任何一个细节，把韩熙载生活的情景描绘得淋漓尽致，画面里的所有人物的音

容笑貌栩栩如生。

在这幅巨作中，画有40多个神态各异的人物，蒙太奇一样地重复出现，各个性格突出，神情描绘自然。

《韩熙载夜宴图》从一个生活的侧面，生动地反映了当时统治阶级的生活场面。画家用惊人的观察力，和对主人公命运与思想的深刻理解创作出的这幅精彩作品，值得我们永久回味。

阅读链接

据史书记载，韩熙载家有歌伎40余人。韩熙载有政治才干，艺术上也颇具造诣，懂音乐，能歌善舞，擅长诗文书画。

他的父亲在后唐时曾任平卢节度副使，最后被明宗所杀，韩熙载因此便逃往南方避乱，任过南唐中书侍郎等官职。他颇有政治才干而不被重用，又眼见南唐国势日衰，就只有寄托歌舞夜宴了。

他曾经对好友德明和尚解释："吾为此以自污，避人耳目。"显然，他之所以能够纵情声色，也是和南唐李氏王朝行将覆灭的政治形势分不开的。

北宋风俗画大家张择端

■北宋著名画家张择端塑像

张择端（1085年—1145年），字正道。生于北宋琅琊东武，即今山东省诸城。对于张择端的身世，史书上没有任何史料记载。他是北宋末年杰出的现实画家，所作风俗画市肆、桥梁、街道、城郭刻画细致，界画精确，豆人寸马，形象如生。

张择端其作品大都失传，存世《清明上河图》《金明池争标图》，为我国古代的艺术珍品。大型风俗画《清明上河图》，被后人称为"神品"，是我国绘画史上的稀世奇珍，画之瑰宝，是"我国十大传世名画"之一。

张择端早年游学汴京，后习绘画。宋徽宗时供职翰林图画院，专工界画宫室，尤擅绘舟车、市肆、桥梁、街道、城郭，他是北宋末年杰出的现实画家。其作品大都失传，仅有《清明上河图》保存下来，为我国古代绘画艺术珍品，也具有极大的考史价值。

《清明上河图》描绘了北宋时期都城东京的状况，主要是汴梁以及汴河两岸的自然风光和繁荣景象。作者以长卷形式，采用散点透视的构图法，将繁杂的景物纳入统一而富于变化的图画中。

图中所绘城郭市桥屋庐之远近高下，草树马牛驴驼之大小出没，以及居者行者，舟车之往还先后，皆曲尽其仪态而莫可数记，场面浩大，内容极为丰富，整幅画作气势宏大、结构严密，构图起伏有序，笔法细致，充分表现了画家对社会生活的深刻洞察力和高超的艺术表现能力。

■ 宋徽宗（1082年—1135年），名赵佶，是宋朝第八位皇帝。他自创一种书法字体被后人称为"瘦金书"，另外，他在书画上的花押是一个类似拉长了的"天"字，据说象征"天下一人"。

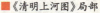

■《清明上河图》局部

《清明上河图》规模宏大，结构严谨，大致分为汴京郊外春光、汴河场景、城内街市三个段落。

汴京郊外春光描绘的是：在疏林薄雾中，掩映着几家屋舍、草桥、流水、老树和扁舟。两个脚夫赶着5匹驮炭的毛驴，向城市走来。

在一片柳林中，枝头刚刚泛出嫩绿，使人虽感到春寒料峭，却已大地回春。路上一顶轿子内坐一位妇人。轿顶装饰着杨柳杂花，轿后跟随着骑马的、挑担的，从京郊踏青扫墓归来，直奔汴河畔。

同时，环境和人物的描写，点明了清明时节的特定时间和风俗，为全画展开拉开了序幕。

汴河场景描绘的是：汴河两岸稠密的人口，云集的商船，林立的店铺等，展现了一个水陆交通的会合点的繁华盛况，可称为画面的高潮片段。

人们有的在茶馆休息，有的在看相算命，有的在

■ 张择端《清明上河图》局部

饭铺进餐。还有"王家纸马店"是卖扫墓祭品的，河里船只往来，首尾相接，或纤夫牵拉，或船夫摇橹，有的满载货物，逆流而上，有的靠岸停泊，正紧张地卸下货物。

横跨汴河上的是一座规模宏大的木质拱桥，它结构精巧，形式优美。宛如飞虹，故名虹桥。

有一艘大船正待过桥。船夫们有用竹竿撑的，有用长竿钩住桥梁的，有用麻绳挽住船的，还有几人忙着放下桅杆，以便船只通过。

船里船外都在为此船过桥而忙碌着。邻船的人也在指指点点地像在大声吆喝着什么。桥上的人，伸头探脑地在为过船的紧张情景捏了一把汗。

这里是名闻遐迩的虹桥码头区，桥头遍布刀剪摊、饮食摊和各种杂货摊，两位摊主争相招呼一位过客来看自己的货物。

公廨 有集会所，群众聚集所之意。一般用以指官员办公的场所。清代沈复《浮生六记·闲情记趣》记载："萧爽楼有四忌：谈官宦升迁，公廨时事，八股时文，看牌掷色；有犯必罚酒五斤。"

城内街市描绘的是：高大的城楼两边，屋宇鳞次栉比，有茶坊、酒肆、脚店、肉铺、庙宇、公廨等。

商店中有绫罗绸缎、珠宝香料、香火纸马等的专门经营。此外尚有医药门诊，大车修理、看相算命、修面整容，各行各业，应有尽有。大的商店门首还扎"彩楼欢门"，悬挂市招旗帜，招揽生意。

街市行人，摩肩接踵，川流不息，有做生意的商贾，有看街景的士绅，有骑马的官吏，有叫卖的小贩，有乘坐轿子的大家眷属，有身负背篓的行脚僧人，有问路的外乡游客，有听说书的街巷小儿，有酒楼中狂饮的豪门子弟，有城边行乞的残疾老人。男女老幼，士农工商，三教九流，无所不备。

交通运载工具有轿子、骆驼、牛马车、人力车，有太平车、平头车，形形色色，样样俱全。把一派商业都市的繁华景象绘色绘形地展现在人们的眼前。

从《清明上河图》中可以看到几个非常鲜明的艺术特色，分别是：

一是内容丰富。在画中有仕、农、商、医、卜、僧、道、胥吏、妇女、儿童、篙师、缆夫等人物及驴、马、牛、骆驼等牲畜。有赶集、

■ 张择端《清明上河图》局部

买卖、闲逛、饮酒、聚谈、推舟、拉车、乘轿、骑马等情节。

■ 张择端《清明上河图》局部

画中大街小巷，店铺林立，酒店、茶馆、点心铺等百肆杂陈，还有城楼、河港、桥梁、货船，官府宅第和茅棚村舍密集。如此丰富多彩的内容，为历代古画中所罕见。

二是结构严谨，繁而不乱，长而不冗，段落分明。从内容看，此画属于风俗画，也具有风俗画的特点。可贵的是，如此丰富多彩的内容，主体突出，首尾呼应，全卷浑然一体。

画中每个人物、景象、细节都安排得合情合理，疏密、繁简、动静、聚散等画面关系，处理得恰到好处，达到繁而不杂，多而不乱。充分表现了画家对社会生活的深刻洞察力和高度的画面组织和控制能力。

三是在技法上，以不断移动视点的办法，即"散点透视法"来摄取所需的景象。大至广阔的原野、浩瀚的河流、高耸的城郭，细至摊贩上的小商品、市招上的文字，船只上的物件、钉铆方式，甚至结绳系扣都交代得一清二楚。面面俱到，不失其貌其势，令人叹为观止。

它充分发挥了半工笔半写意人物画生动活泼的长

太平车 从远古沿袭下来的一种古旧车辆，是我国古代造车工艺趋向成熟的结晶，主要在我国平原地区使用。因其滚动平稳而得名。据相关史料记载，太平车最早出现在宋代，北宋张择端的《清明上河图》中就描绘有几辆用四匹或两匹健骡拉的太平车。

风俗画 人物画的一种。是以社会生活风习为题材的人物画。始于汉代，如辽阳、望都等地墓室壁画和画像石、画像砖等，均有这种画。唐代韩滉《田家风俗图》、五代李群《孟说举鼎》、北宋张择端《清明上河图》、南宋左建《农家迎妇图》、朱光普《村田乐事图》、李嵩《货郎图》等，均为一代名作。

处，既有界画工整准确的优点，又有完整统一的特色，是我国现实主义绘画传统的最优秀代表作。

在绘画题材方面，《清明上河图》突破了唐代以来的人物画主要以宗教活动和贵族生活为题材的范围，开始努力表现新兴市民阶层的生活场面。而规模之大，场面之宏，人物之多，描写之细腻、逼真、生动，艺术技巧之高超、纯熟，都是古来仅有。

这充分说明，我国以人物为主的风俗画，发展至宋代，已经注意到人物与情境的完善融合，使之水乳交融，开拓出了新的境界。特别是在描写普通劳动人民的生活和情趣方面，更是冲破了传统题材的局限，这对以后民间年画，如《西湖景》《姑苏万年桥》《三十六行》等，也是一种启迪。

《清明上河图》不只继承发展了久已失传的我国古代风俗画，尤其继承了北宋前期历史风俗画的优良

传统。其丰富的思想内涵、独特的审美视角、现实主义的表现手法，都使其在我国乃至世界绘画史上被奉为经典之作。《清明上河图》在我国绘画史上写下了光辉的一页，成为我国风俗画的一个里程碑，值得我们自豪和珍惜。

白寿彝任顾问的《我国通史》对《清明上河图》的评价是：

全卷所绘人物500余位，牲畜50多只，各种车船20余辆艘，房屋众多，道具无数，场面巨大，段落分明，结构严密，有条不紊。

技法娴熟，用笔细致，线条遒劲，凝重老练。反映了高度精纯的绘画功力和出色的艺术成就。

年画　我国画的一种，始于古代的"门神画"。清光绪年间，正式称为年画，是我国特有的一种绘画体裁，也是我国农村老百姓喜闻乐见的艺术形式。大都用于新年时张贴，装饰环境，含有祝福新年吉祥喜庆之意，故名。

■ 张择端《清明上河图》局部

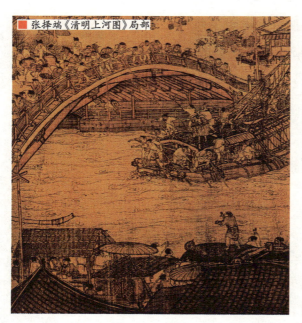
■ 张择端《清明上河图》局部

同时，因为画中所绘为当时社会实录，为后世了解研究宋朝城市社会生活提供了重要的历史资料。

《简明不列颠百科全书》在"张择端"条内对《清明上河图》的评价：是一幅具有重要历史价值的风俗长卷，画家成功地描绘出汴京城内及近郊在清明时节社会上各阶层的生活景象。主要表现的是劳动者和小市民。

《清明上河图》对人物、建筑物、交通工具、树木、水流之间的相互关系的处理，非常巧妙，整体感很强，具有极大的考史价值。此后历代绘制的都市风俗画，无不受其影响。

阅读链接

明朝官员莫怀古藏有《清明上河图》，奸相严嵩想据为己有，就勒令莫怀古把画交上来。

莫怀古舍不得交出画，又怕得罪严嵩，就请人摹画一张给严嵩送去。谁知此事被严嵩手下识破，严嵩便以莫怀古"通倭"罪名投入监狱。

幸好莫家有一位家人长相与莫怀古相像，愿意做替身。莫怀古便带着《清明上河图》逃生，使之得以保全下来。

这个传说于清代被戏剧家李玉编成剧本，到处演出。故事虽属传说，但也说明《清明上河图》历来被视为珍宝。

宋代白描大师李公麟

　　李公麟（1049年—1106年），字伯时，后来退休住在家乡安徽舒城自己的庄园"龙眠山庄"，自称"龙眠居士"。生于北宋庐江郡舒州，即今安徽省桐城。他好古博学，喜藏钟鼎古器及书画。北宋著名画家。他是一个卓越的现实主义艺术的大师，他创造了富于概括力的真实而鲜明的艺术形象。

　　李公麟天赋极高，又博学勤业，书法飘逸具晋人风韵，擅画人物、山水、花鸟，无所不精，尤精画鞍马。时推为宋画中第一人，并被称作"白描大师"。传世作品有《五马图》《临韦偃牧放图》《维摩演教图》《赤壁图》《蜀川胜概图》等。

■ 北宋著名画家李公麟线描

白描 是中国画中完全用线条来表现物象的画法。有单勾和复勾两种。以线一次勾成为单勾，复勾则光以淡墨勾成，再根据情况复勾部分或全部，其线并非依原路刻板复选一次，其目的是加重质感和浓淡变化，使物像更具神采。

李公麟出身名门大族，家藏古器及名画书法作品甚多，自幼好古善鉴，知识渊博。他一生勤奋，作画无数，人物、史实、释道、仕女、山水、鞍马、走兽、花鸟无所不能，无所不精。

人物、道释深得吴道子旨趣，运笔如行云流水，造型正确，神态飞动；山水气韵清秀，得王维真传；着色山水追李思训心法；画马过韩幹。能集诸家之长，得其大成，师法自然，大胆创新，自成一家，被后代敬为第一大手笔、百代宗师。

李公麟发展了白描画法，创造出"扫支粉黛、淡毫清墨"，"不施丹青，而光彩动人"，将线描技法运用得炉火纯青。

在我国绘画技法中，线描是最有特色的技法之一，而纯用线条和浓淡墨色描绘实物的白描画法，可以说是线描技法发展的最高、最纯的阶段。

而李公麟正是在这艺术浪尖上的弄潮儿，他使白描技法成为后人学画所遵从的样板典范，"犹如群龙之首"千百年来代代相传。其

■ 王维（692年—761年），字摩诘。河东蒲州，即今山西省运城人。唐朝诗人。诗书画都很有名。有"诗佛"之称。今存诗400余首，重要诗作有《相思》《山居秋暝》等。精通佛学，受禅宗影响很大。佛教有一部《维摩诘经》，是王维名和字的由来。

画线条健拔却有粗细浓
淡，构图坚实稳秀而又灵
动自然，画面简洁精练，
但富有变化。

自此之后，几乎所有
的白描人马画无不源出于
李公麟的白描艺术。

李公麟的作品保存下
来的有《五马图》《临韦
偃牧放图》《维摩诘像》
《辋川图》《洛神赋图》
《白描罗汉图》等。在这
之中，《五马图》标志着
单线勾勒的技法，在我国绘画艺术中的巨大成就。

■ 李公麟作品《五马
图》局部

《五马图》珂罗版现藏于北京故宫博物院。画
的是西域进贡给北宋王朝的5匹骏马，皆各由奚官牵
引。五马名为：凤头骢、锦膊骢、好头赤、照夜白、
满川花，皆为雄马。

前三位控马者为西域少数民族的形象和装束，姿
态各异，无一雷同，妙在其精神气质也微异，有饱经
风霜、谨小慎微者；有年轻气盛、执缰阔步者；有身
穿官服、气度骄横者。

马的造型因品种而异，大小、肥瘦、高低、毛色
各别，但性情都温顺平和，以示已被调教驯服。大凡
画贡马的题材，马的神态和步态都是如此。

《五马图》全画用白描法，只在少数地方用淡墨

珂罗版 珂罗版
是清朝光绪初年
由日本传入我国
的，并被大量用
于中国画的复
制。珂罗版复制
法，即珂罗版印
刷，又称玻璃版
印刷，它是照相
平版印刷工艺的
一种。经过人们
不断加以改进，
这种传统的印刷
技术越来越科学
化，同时，加强
了珍贵书画作品
的流传。

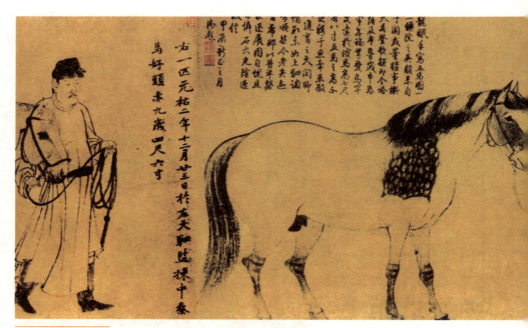

■ 李公麟作品《五马图》局部

《五马图》为传世佳作，纸本墨笔，纵29.3厘米，横225厘米，无名款。图以白描的手法画了五匹西域进贡给北宋朝廷的骏马，各由一名奚官牵引。每匹马后有宋黄庭坚题字，谓马之年龄、进贡时间、马名、收于何厩等。

略加渲染，很好地体现了李公麟白描画的特色。画家在艺术上的独创首先体现在纯熟的白描技法上，他把盛行于唐代吴道子时代的"白画"发展为具有丰富表现力的画种，即白描。而《五马图》就是确立这一画种的标志。

在《五马图》中，人与马虽不着彩色，但形神毕肖，气韵飞动，仍可使观者从刚柔、粗细、浓淡、长短、快慢的线条变化中感受到富有弹性的肌肤、松软的皮毛、笔挺的衣衫、粗厚的棉袍等各不相同的质感和量感。

画家在白描的基础上微施淡墨渲染，辅佐了线描的表现力，使艺术效果更为完善，体现了文人画注重简约、儒雅和淡泊的审美观。

五匹马体格健壮，虽毛色不一，姿态各异，但显得驯养有素，极其温顺。五个奚官则因身份不同，或

骄横，或气盛，或谨慎，或老成，举手投足，无不恰如其分。

李公麟的线描功夫堪称了得，他以其"行云流水"般的线条，飘逸而行止如意，虽只是白描勾画，却非常具有质感，今人感叹古代的汉人及异族有那么美妙的服饰，以致单是描绘衣服的褶纹就有"十八描"之称。

人物的面部刻画很简单，但结构异常准确，状貌极其生动，须眉之间，不但可视其年龄、身份、民族，甚至从表情可以窥其内心。衣褶自然是线描最优美之处，观者打开画卷，无不立即就被这些流畅圆润而又凝练劲挺的线条所吸引，不能不为其造型之精美而折服。

再看马的轮廓，似乎感觉得到其骨骼肌肉，略加烘染后，又似乎能感觉到其皮毛、斑纹。

奚官 所谓"奚官"，在晋代，是养马的役人。在南朝、隋、唐时期为养马的官署。在盛唐时代，多由胡人充当。此官署主要掌守宫人疾病、罪罚、丧葬等事，多以因别人犯罪而受牵连的人担任。

韦偃 唐朝长安，即今陕西省西安人，侨居成都，即今属四川。官至少监。韦偃善画鞍马，传自家学，远过乃父，与曹霸、韩幹齐名。用点簇法画马始于韦偃，常用跳跃笔法，点簇成马群。其《放牧图》画人140余，画马1200余匹，曲尽其妙，宛然如真。

《五马图》被后人推为宋代绘画中白描手法运用之第一。李公麟不仅白描技法高超，他的临摹作品也很有特色。《临韦偃牧放图》是其临摹作品的代表。此画是李公麟临摹唐朝画家韦偃的作品。全图共画了140多人和1200多匹马，可谓洋洋大观。

画幅为长卷形式，从右自左展开。在高低不平的土坡和广阔的平原间，牧者驱赶着大群马匹蜂拥而来，马嘶人叫，热闹异常。

画面中段以后，马群逐渐散开成组各自活动，有的低头觅食，有的追赶嬉闹，有的奔跑，有的就地翻滚，还有几匹马走向远处的小河去饮水。众多的马匹姿态各异，生动自然。

■ 李公麟作品《临韦偃牧放图》

放马的牧人，有的骑在马上，有的穿戴较为整齐，有的则敞胸露怀赤足，在树荫里休息的牧人为契丹族，其中似乎还有等级的差别。整个画面的构图，前半部拥塞、紧张；后半部疏散、松弛，富于节奏感。

画中的马匹和人物均用墨线勾勒，线条十分挺拔有力，色泽较浓重，坡石墨色稍淡，略有皴擦，再用赭石色渲染，加强了画面的气氛。构图和笔墨的变化，使整个作品主次分明、生动活泼，避免了呆板、重复和混乱。

如此庞大的构图，若没有长时间的经营和缜密的运思，即使是临摹，也是难以设想的。

李公麟的大部分绘画作品是画在纸上的，并不施色彩。唐朝画家韦偃已无可靠的作品存世，这件作品为临摹本，用绢素作画并施淡彩。通过它，我们也可以领略李公麟绘画的风采。

■ 李公麟作品《临韦偃牧放图》

阅读链接

李公麟晚年右手因患了风湿性关节炎不能画画，他就尝试着用左手画画，虽然刚开始画出来的线条七扭八歪、不成样子，但他毫不气馁，并打定主意，再困难也要坚持下去。

他像小孩学写字一样笨拙地从头学起，就连生病发烧、卧床不起的时候，还躺在床上用左手在被子上不停地比画着、研究落笔的姿势。

这样，经过他的艰苦磨炼，终于有一天用左手画的画竟然和右手画的一样好，被大家广为称赞。李公麟这种可贵精神，激励了无数有志成才的人。

元代山水画之最黄公望

　　黄公望（1269年—1354年），号一峰、大痴道人。本名陆坚，族人将其过继给黄氏为养子，因此改名叫黄公望，字子久。生于江苏常熟。他中年当过中台察院椽吏，后皈依"全真教"，在江浙一带卖卜。元代著名画家。黄公望所作水墨画笔力老道，简淡深厚。又于水墨之上略施淡赭，世称"浅绛山水"。其尤以卓越的成就兀立顶峰，为"元四大家"之首，在历史上很有影响力。

　　黄公望存世作品有《富春山居图》《九峰雪霁图》《丹崖玉树图》《天池石壁图》等。其中《富春山居图》是他的代表作，后被列为"我国十大传世名画"。

■ 元代画家黄公望画像

黄公望与同时代的王蒙、倪瓒、吴镇交往十分密切，互赠诗画，切磋探讨，常以合作山水画为乐。他们不但都创造了自己的独特绘画风格，并致力于意境章法及诗文与绘画的有机结合，共同把我国文人画推进一个崭新的天地，因此获得"元四大家"的殊荣。而黄公望被推为"元四大家"之首。

黄公望曾经在一个官僚手下做过椽吏，后来因这个官僚犯了官司，黄公望遭诬陷，蒙冤入狱。出狱后，他不再问政事，遂放浪形骸，游走于江湖。

后参加了主张儒、释、道三教合一的全真教，更加看破红尘，开始对江河山川产生了兴趣。为了领略山川的情韵，他经常观察大自然朝暮变幻的奇丽景色，得之于心，运之于笔。他的一些山水画素材，就来自自然景观。

黄公望遍游名山大川，却独钟情于富春山水，晚年结庐定居富春江畔的筲箕泉，在这里度过了他人生最辉煌的时期，留下了一大批杰作。

黄公望曾经用了三四年的时间，在79岁时画成《富春山居图》。这是黄公望水墨山水画中的杰作，也是"我国十大传世名画"之一。

《富春山居图》的前半卷《富春山居图·剩山图》藏于浙江省博物馆；后半卷《富春山居图·无用师卷》藏于我国台湾；仿本《富春山居图·子明卷》

■ 倪瓒（1301年—1374年），初名珽，字泰宇，后字元镇，号云林子、荆蛮民、幻霞子等。元代画家、诗人。其画以侧锋干笔作皴，名为"折带皴"；书法有晋人风度；擅诗文。"元四大家"之一。存世作品有《六君子图》等。著有《清閟阁集》。

王蒙（1308年—1385年），字叔明，号黄鹤山樵。湖州，即今浙江省吴兴人。元代画家。作品以繁密见胜，喜用解索、牛毛皴，干湿互用，苔点多焦墨渴笔，顺势而下。"元四大家"之一。存世作品有《青卞隐居图》《夏日高隐图》《丹山瀛海图》等。

藏于我国台湾，《富春山居图·沈周临摹本》藏于北京故宫博物院。总起来看，《富春山居图》的艺术成就极高，堪称我国山水画长卷的"第一神品"。

《富春山居图》的不凡之处，首先体现在构图布局的章法和技巧之上。前山后水的关系改变了传统屏风式的排列，而是由近而远的自然消失。

画卷起首是一座高冈，犹如文章的开门见山一样，继而平坡沙渚、水波不兴。再接层峦叠嶂，江水似乎不见，但是有山涧溪流暗通消息，这一段山景是画卷高潮。

之后一路平缓，寂寥空阔，看去虽平淡，但是却有着"无声胜有声"的笔法，使简略的景物蕴含连绵不绝之意。结尾处有一座山岭陡

■ 黄公望存世作品《富春山居图》

立，与卷首呼应。

　　整幅作品中，起伏的山形成自然的段落，水势贯穿始终，景物疏密有致，起承转合，环环相扣，引人入胜。

　　在此画中可看到，画中峰峦叠翠，松石挺秀，云山烟树，沙汀村舍，渔舟小桥，或雄浑苍茫，或清新飘逸，布局疏密有致，变幻无穷，都生动地展示了江南的优美风光，可谓景随人迁，人随景移，达到了步步可观的艺术效果。

　　在笔法和墨色上，《富春山居图》用笔利落，更简约，更少概念化，因而也就更详尽表现了山水树石的灵气和神韵。

　　画中皴笔线条略长，平行交错，乱而有序，条理清晰，线条疏松。笔法既有湿笔披麻皴，另施长短干笔皴擦。用墨或擦或染，浓淡相间，干湿有别。

山水多以干枯的线条描绘，树叶用浓墨、湿墨，显得山淡树浓，在披峰之间还用了近似米点的笔法。浓淡迷蒙的横点，逞足笔力，唯情是求，具有独特的魅力。

更为难得的是，画家在为山水传神的同时，并未脱离山川形质，将客观物象的自然状态表现得恰如其分。整卷作品几经简约，空灵疏秀，墨色清润，挥洒自如，堪称展示山水画笔墨意蕴的佳作。

在氛围和意境上，画家以意使法，用水墨渲染，若明若暗的墨色，超越了随类赋彩的传统观念，自然地笼罩在景物之上，化为一种明媚的氛围。

以清润的笔墨，把浩渺连绵的江南山水表现得淋漓尽致，达到了"山川浑厚，草木华滋"的境界，令人产生亲切之感，反映了黄公望对客观外界和主观感受的高度尊重。

《富春山居图》凡数十峰，一峰一状，数百树，一树一态，雄秀苍茫，无论布局、笔墨，还是以意使法的运用上，都达到了山川浑厚，草木华滋的境界，被后人誉为"画中之兰亭"。黄公望也不愧为"元四大家"的殊荣。

阅读链接

为了画好《富春山居图》，黄公望终日不辞辛劳，奔波于富春江两岸，观察烟云变幻之奇，领略江山钓滩之胜，并身带纸笔，遇到好景，随时写生，富春江边的许多山村都留下了他的足迹。

深入的观察，真切的体验，丰富的素材，纯熟的技法，使《富春山居图》的创作落笔从容。

千丘万壑，越出越奇，层峦叠嶂，越深越妙，既形象地再现了富春山水的秀丽外貌，又把其本质美的特征挥洒得淋漓尽致。这是画家与富春山水情景交融的结晶。

画派宗师

明清两代是我国历史上的近世时期，明初产生了戴进的"浙派"和沈周的"吴门"等。明末画坛流派更有特色，以摹古为主的王时敏"娄东派"山水画占据统治地位，以髡残为代表的画僧则标新立异，个性强烈。清朝重建宫廷画院，以西洋传教士郎世宁为代表的宫廷画家，带来了西洋画的凹凸阴暗和透视法。

明清两代的画家们脱离了画科局限，各自归属自己的画派，在我国近世画史上展现了精彩的画卷。

画坛浙派开山鼻祖戴进

戴进（1388年—1462年），字文进，号静庵，玉泉山人。生于明代钱塘，即今浙江省杭州。明代画家。他的画雄俊高爽，苍郁浑厚，用笔劲挺方硬，在当时影响极大，追随者甚众，人称浙派，成为明代前期画坛主流。戴进为"浙派"开山鼻祖，对后世具有很大影响。

戴进的传世作品有《风雨归舟图》《春山积翠图》《三顾茅庐图》《葵石峡蝶图》《金台送别图》《春游积翠图》《关山行旅图》《达摩至惠能六代像》《南屏雅集图》《归田祝寿图》《三鹭图》等。其中比较著名的作品是《风雨归舟图》和《春山积翠图》。

■ 明代画家戴进画像

明宣宗（1398年—1435年），名朱瞻基，明仁宗朱高炽长子，明朝第五位皇帝。谥号"宪天崇道英明神圣钦文昭武宽仁纯孝章皇帝"，庙号宣宗。葬于明十三陵之景陵。他比较能倾听臣下的意见，与明仁宗时期并称"仁宣之治"。

戴进出身画工家庭，少年时当过金银首饰学徒，他原想以此手艺传于世，后见销售饰物的熔金者所熔金器都是自己精心制作的手工艺品，遂愤然改习绘画，刻苦用功，画艺大进。

因有画名，他被荐入宫中，明代的宫廷画家分别在武英、仁智等殿供职，戴进在仁智殿做待诏。

戴进画的第一幅画就是《秋江独钓图》，画一红袍人垂钓水边。红色原本是画家最难掌握的颜色，戴进独得古法，不想却为同道所嫉妒。

有一名待诏乘机在明宣宗面前挑剔，说穿红袍钓鱼，有失大体，宣宗点头称是，于是戴进被排挤。他回到杭州后以卖画为生。

戴进早年学画非常刻苦，由于临摹古人作品很多，所以他的传统笔墨功夫很好。他没有被传统所束缚，他的画用笔流畅，逐渐形成自己风格。作为明代著名的画家，他对山水、人物、花鸟都很精通。

戴进的山水画，取法李唐、马远、夏圭等名家，兼用元代人水墨法的传统。大幅山水画尤妙，境界开阔，使人有"凌虚御风，历览八极之兴"。画风上以院体为主，画面有工整与粗放的变化，也有师法宋人

李唐（1066年—1150年），字晞古，河阳三城，即今河南省孟县人。南宋时期画家。擅长山水、人物。与刘松年、马远、夏圭并称"南宋四大家"。晚年用笔峭劲，创"大斧劈"皴。兼工人物，自成风格。并以画牛著称。存世作品有《万壑松风图》《采薇图》等。

■ 沈周临摹戴进之
《谢安东山图》

的两种面貌，并兼有融合宋元水墨画法为一体而形成自己独特风格的一面。

戴进的人物画主要题材有神仙道释、历史故事、名人隐士、樵夫渔父等，所画神像的威仪，鬼怪的勇猛，衣纹的设色，均驾轻就熟。衣纹画法多用铁线兼水墨法，时而蚕头鼠尾，行笔顿挫有力，有工笔和写意两种面貌。

戴进的花卉、花果，也极具精绝，有工笔设色和水墨写意两种面貌。

早年多用方笔，画风劲秀，工整的较多；至中、晚年时，多用圆劲婉转的笔法处理，笔墨趋于豪放，苍健挺拔。他尤其喜欢画葡萄，配以钩勒竹，蟹瓜草，标新立异。

戴进的绘画在当时影响极大，追随者甚众。据美术史记载，受到戴进画风影响的除了他儿子戴泉、女婿王世祥以外，还有夏芷、夏葵、方钺、仲昂，以后又有吴伟、张路、蒋嵩、汪肇等人。

戴进的画风盛行一时，在宫廷内外特别是江浙地区影响很大，形成独具特色的流派，画史称作"浙派"。而戴进作为"浙派"的创始人，很受人们的重视和赞誉。

戴进的传世作品《风雨归舟图》描绘的是风雨交加中的山川自然景色和行人冒雨归家的情景。

在布局上，画家采用中轴线构图，高山置于画面右边。近景处，树木、山崖、归舟相互依照；中景处，芦苇、枯树、溪桥、村舍、竹林、远山错综而不杂乱；远景处，高山重叠，远山迷蒙，在雾气中若隐若现。

画中虽然表现的是雨景，但景物自近而远，层次清楚明晰，将雨中急归之心表现得淋漓尽致。画面近处的岩石和归舟，一静一动，对比鲜明，使构图统一中有了变化，更加突出风雨归舟的主题。

横跨两岸的溪桥使得左轻右重的景物连成一个整体。溪桥上冒雨赶路的农夫，被刻画得惟妙惟肖，个个显示出匆忙急切的神态。

中景处的芦苇更是突出了风势的狂猛劲厉。该图章法新奇独特而巧妙，笔墨兼工笔带写意，显出豪放洒脱而湿润空灵的意境，成功表现了风雨交加的自然景色和特定环境中的人物情态。

图中树石用笔刚劲犀利，气势雄壮，以斧劈皴带水墨破刷出的山石，生动地表现出瘦硬多棱角的特征，强烈地显示了山石的立体感，并运用虚实相生的手法，刻画出雨中山川的神奇境界和耸拔气象。

近岸树木画家用夹叶法和点叶法，芦苇和竹林用了撇笔介字点，

戴进作品《春山积翠图》

一笔一画，笔笔到位，刻画出狂风中摇曳的形象。狂风大雨用大笔挥扫，增添了画面的气势，从豪纵的笔势之中，可以看出画家奋笔疾挥的饱满激情。

画家成功运用浅设色，所画斜风骤雨、树枝弯曲、逆舟雨伞，最充分地表现出狂风暴雨的运动感。

画家对墨的浓淡干湿变化应用自如，雨暴风狂的气象于指腕间飒然而起，充分显示了画家的深湛功力和注重观察自然的可贵精神。

《春山积翠图》是戴进62岁时的作品，很典型地代表了戴进中、晚期画风的演变。此图构图、用笔与李唐、马远等南宋院体水墨画派风格一脉相承，以疏爽之笔出之。

整幅作品用两大块斜向切入，近景以浓郁的松冠为主体；中景山岩以重浓墨点出树林；远景用淡墨稍示山形，施以点苔。近、中、远景物层次自然推出，简洁明快，颇具气势。

此图视觉中心几株苍劲虬松屈曲盘桓，生意盎然。松下一高士曳杖缓行，一书童抱琴侍随，一前一后行进在高岭小径上。中景和远景的两座山峦相互交叉，左右相切，之间的茅舍隐隐约约，含蓄有致，与前景的人物相呼应。

此图云气采用浸化渲染留出空白，隐无笔痕又弥

画界巨擘

绘画名家与绝代精品

渲染 中国画的一种画法，用水墨或淡的色彩涂抹画面，有不同寻常的艺术效果。画国画时用水墨或淡色涂抹画面以加强艺术效果。渲，是在皴擦处略敷水墨或色彩；染，是用大面积湿笔在形象的外围着色，烘托画面形象。

漫流动。烟霭于画底油然而生，依山坡斜势施以皴笔，虽寥寥数笔，但将山坡质地表现毕至；小景山峦用笔轻快疏爽，虚实相映；山腰虚处薄雾环绕，宛如轻纱遮盖，穿过两山之间，消失在谷底尽头。

戴进作品《雪景山水图》

峡谷中的茅舍树林深幽隐藏，景致越远越迷蒙。这不仅加强了画面的空间层次感，而且充满了静谧空幽，使整幅画呈现出一种高古清远，悠闲舒适的士大夫的生活情趣。

《春山积翠图》很典型地代表了戴进中、晚期画风的演变。作此画时，戴进这个"浙派"首领，生活已经窘迫不堪，在京城已难以立足。画这种春山积翠、隐士携琴的题材只能抒发不得其志的抑郁之气，表达对自然景色的依恋。

阅读链接

相传，有一次戴进由钱塘到金陵办事，带了很多行李，自己一个人拿不过来，于是，就临时找了个挑夫挑着。

但由于金陵的大街上车水马龙，走了不久，两人便失散了，戴进找不到挑夫，挑夫也找不到戴进。

于是，戴进凭着记忆，画了一幅挑夫的肖像画，到挑夫集中的地方去问。那些挑夫一看，很快就认出了这幅肖像画中的人是谁，终于帮助戴进找到了那位挑夫，取回了行李。

由于戴进画艺高超，后来他被招进皇宫画院，做一名宫廷画师。

文人画吴派开创者沈周

沈周（1427年—1509年）字启南，号石田、白石翁、玉田生、相城翁等。生于长洲，即今江苏省苏州。明代杰出书画家。他是明代中期文人画"吴派"的开创者，与文徵明、唐寅、仇英并称"明四家""吴门四家"，也称"天门四杰"，在历史上很有影响力。

沈周的代表作品现在多藏于大博物馆。北京故宫博物院收藏的有《仿董巨山水图》《沧州趣图》《卒夷图》《墨菜图》《卧游图》等。南京博物院收藏有《东庄图》《牡丹》等。辽宁博物馆藏有《盆菊幽赏图》和《烟江叠嶂图》两幅杰作。我国台湾收藏有《庐山高图》。

■ 明代杰出书画家沈周画像

沈周从小家居读书，他的父亲、伯父都以诗文书画闻名乡里，书画乃家学渊源。他吟诗作画，悠游林泉，追求精神上自由，蔑视恶浊的政治，一生未应科举，始终从事书画创作。

他早年多作小幅，40岁以后始作大幅。中年画法严谨细秀，用笔沉着劲练，以骨力胜，晚岁笔墨粗简豪放，气势雄强。

沈周的绘画承受家学，兼师当时杜琼，后来博采众长，出入于宋元各家，融会贯通，刚柔并用，形成粗笔水墨的新风格，自成一家。

他的绘画，技艺全面，功力浑朴，在师法宋元的基础上有自己的创造。所作山水画，有的是描写高山大川，表现传统山水画的三远之景。而大多数作品，则是描写南方山水及园林景物，表现了当时文人生活的幽闲意趣。

《庐山高图》是沈周一幅极有名的作品。它是沈周41岁时为祝贺老师陈宽70岁寿辰的精心之作。画家描绘江西庐山之高，象征老师的道德高尚，同时表示对老师的崇高敬意。这种象征意义取自《诗经·小雅》："高山仰止，景行行止"。

在构图上，《庐山高图》的构图和布局颇具匠心，黑色浓淡逐渐变化。

■ 《庐山高图》局部

陈宽 字孟贤，号醒庵，临江，即今江西省清江人。吴中称经学者。工诗善画山水。与杜琼名品相同。著有《五峯山人集》《列朝诗集小传》等。沈周曾经师从于陈宽。

画界巨擘

绘画名家与绝代精品

近景一角画山根坡石，劲松杂树。中景以著名的庐山瀑布为中心，水帘高悬，飞流直下，两崖间木桥斜跨，打破了流水飞白的呆板。两侧巉岩峭壁，呈内敛之势。

瀑布左侧崖壁的石块纹理具有内向的动势，与右侧位于中心的山冈岸壁，似乎产生一种力的碰撞，从而加强山冈向上的张力。下段两棵高大的劲松，其姿态明显与中段山冈向上的趋势相呼应，把观者的视觉自然引向画面上段。

瀑布上方远景是庐山主峰。山峰雄伟，两边奇峰兀立，云雾浮动，给人以崇高雄浑，厚重质朴之感，似乎寓意老师的宽厚博大的人格精神。

这种全景式构图法自下而上，由近及远，近、中、远景气脉相连，一气呵成，贯串结合而形成"S"形曲线，群峰直插，回环掩映，争奇竞胜，实在是大家手笔。

在画法上，画家借鉴元代画家王蒙的技法，山峰多用解索皴，笔法稳健，充满着强烈的节奏和力感。中段山冈用折带皴，与王蒙《葛稚川移居图》画法有些相似，墨色较淡，皴笔精细，表现出崖壁的险峻。

左边崖壁先勾后皴，墨色较重，以焦墨密点，显得苍郁幽深。

整个画面山石、层岩，稠密交

■《庐山高图》局部

叠，一峰一石，画家都以千笔万笔的皴、点，组成浓淡、疏密的远近层次和朴茂苍郁的艺术情趣。而且细节之处，如山中白云，山上的杂树小草，石阶、小路，以及人物等都画得一丝不苟，显示出画家的旺盛的精力和严谨认真的创作精神。

沈周的绘画为传统山水画作出了很大贡献。他融南入北，弘扬了文人画的传统。如他的粗笔山水，用笔融进了"浙派"的力感和硬度，丘壑增添了人之骨和势，将南宋的苍茫浑厚与北宗之壮丽清润融为一体，其抒发的情感也由清寂冷逸而变为宏阔平和。

另外，沈周将诗书画进一步结合起来，将书法的运腕、运笔之法运用于绘画之中。诗风与画格相结合，使得他所作之画，更具有诗情画意。

■ 王蒙作品《葛稚川移居图》

阅读链接

有一次，沈周为了画好一座山，每天雄鸡头遍报晓就起身，直至太阳落山才回去。

在山脚下，他一面看一面画，不知画了多长时间，终于摸到了这座山的变化。眼看大功将要告成，他忽然发现这座山的变化自己还是没有完全摸透，这座山简直是72变！他有点不耐烦，想把绘画工具全部抛掉，但又转念一想：若要功夫深，铁杵磨成针！人家铁杵要磨成绣花针，我用的功夫还不算深。

于是，他咬紧牙关坚持画下去，最后，终于画成了自己满意的画。

工笔仕女画典范仇英

仇英（约1494年—1552年），字实父，号十洲。原籍江苏省太仓，后移居苏州。仇英是明代有代表性的画家之一，与沈周、文徵明和唐寅被后世并称为"明四家""吴门四家"，亦称"天门四杰"。仇英擅长画人物、山水、花鸟、楼阁界画，尤长于临摹。他功力精湛，以临仿唐宋名家稿本为多。仕女图成就颇高，被誉为工笔仕女画的典范。

仇英存世画迹有《汉宫春晓图》《桃园仙境图》《赤壁图》《玉洞仙源图》《桃村草堂图》《剑阁图》《松溪论画图》《桃花源图》《仙山楼阁图》《莲溪渔隐图》《桐阴清话轴》《秋江待渡图》等。

■ 明代杰出书画家仇英画像

仇英出身画工，少年十分聪敏，以善画结识了许多当代名家，为文徵明、唐寅所器重。至苏州后向周臣学画，并曾在著名鉴赏收藏家项元汴家中见识了大量古代名作，临摹创作了大量精品。他的创作态度十分认真，一丝不苟，每幅画都是严谨周密、刻画入微，渐有盛名。

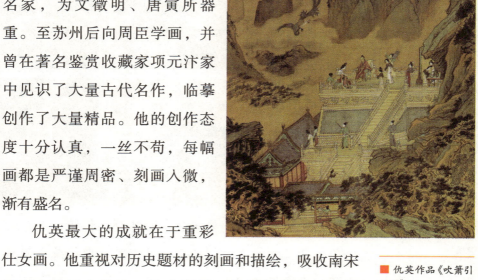

135

近世时期

画派宗师

■ 仇英作品《吹箫引凤图》

仇英最大的成就在于重彩仕女画。他重视对历史题材的刻画和描绘，吸收南宋马和之及元人技法，笔力刚健，特擅临摹，粉图黄纸，落笔乱真。所画发翠豪金，综丹缕素，精丽绝逸。尤善于用粗细不同的笔法表现不同的对象，或婉转流畅，或顿挫劲利，既长设色，又善白描。

仇英的人物画造型准确，概括力强，形象秀美，线条流畅，有别于时流的板刻习气，对后来及清宫仕女画都有很大影响，成为时代仕女美的典范。

后人评价他的工笔仕女，刻画细腻，神采飞动，精丽艳逸，为明代之杰出者。

此外，仇英还善于临摹和作山水画。他以临仿唐宋名家稿本为多，功力精湛，几乎难辨真假。画法主要师承赵伯驹和南宋"院体"画，融入了文人画所崇尚的主题和笔墨情趣。

他的山水画多学赵伯驹、刘松年，发展南宋李

仕女画 也称"士女画"，是指人物画科中专门指描绘上层妇女生活为题材的一个分目，是以女性形象为描绘对象的绘画。古代画家笔下的仕女，大都是上层社会和宫廷生活中的贵族和名门淑女。借以向人们展现当时上层妇女闲逸的生活以及复杂的内心世界。

唐、刘松年、马远、夏圭的"院体画"传统，综合融合前代各家之长，既保持工整精艳的古典传统，又融入了文雅清新的趣味。

仇英是明代有代表性的画家之一，他的作品流传较多。作品有《桐阴清话图》，图录于《故宫名画三百种》；《右军书扇图》《柳下眠琴图》现藏于上海博物馆；《人物故事图册》《莲溪渔隐图》等现藏于北京故宫博物院；《捣衣图》《松溪横笛图》现藏于南京博物院；《清明上河图》现藏于辽宁省博物馆；《桃源仙境图》现藏于天津市艺术博物馆；《煮茶论画图》现藏于吉林省博物馆；《清溪横笛图》现藏于四川大学博物馆；《秋江待渡图》《仙山楼阁图》《汉宫春晓图》现藏于我国台湾。

仇英的工笔重彩画《汉宫春晓图》，极尽勾描渲敷之能事，是我国重彩仕女第一长卷。

作为工笔仕女画大家，仇英在这幅画中用手卷

画界巨擘

绘画名家与绝代精品

■ 仇英作品《汉宫春晓图》

刘松年 （约1155年—1218），又称刘清波，外号"暗门刘"。钱塘，即今浙江省杭州人。南宋宫廷画家。传世代表作品有《四景山水图》《天女献花图》《罗汉图》《雪山行旅图》《中兴四将图》《西湖春晓图》《便桥见虏图》《醉僧图》等。著有《溪亭客话》。

的形式描述初春时节宫闱之中的日常琐事：梳妆、浇灌、折枝、插花、饲养、歌舞、弹唱、围炉、下棋、读书、斗草、对镜、观画、图像、戏婴、送食、挥扇，画后妃、宫娥、皇子、太监、画师，其中包含画师毛延寿为王昭君写像的著名故事，计有115人。

《汉宫春晓图》画面始于宫廷外景，晓烟中露出柳梢，花柳点出"春"，晨烟点出"晓"。

围墙内一湾渠水，鸳鸯白鹇飞翔栖息。一宫女领三孩童倚栏眺望水上飞鹇。宫室内两宫女冠袍持宫扇，似待参加仪仗。一宫女凭栏望窗外孔雀。两便装宫女，一饲喂孔雀，一依傍门后。

户外一人提壶下阶。三人分捧锦袱杂器侍立。一后妃拢手危立，注视宫女灌溉牡丹。牡丹左方一女伴随两鬟，一鬟浇花，一鬟持扇。上方填画屋宇阶棂。

左有一树似梨开白花，树下有人摘花承以金盆，有人采花插鬓，有人持扇迤逦而来。再左平轩突出，

手卷 国画装裱中横幅的一种体式。以能握在手中顺序展开阅览得名。因幅度特点为"长"，故又称"长卷"。其装裱工艺质量要求较高。各时代的手卷形制不尽相同，明清代以来常见的格式，主要由"天头""引首""画心""尾纸"等4部分组成。

轩内女乐一组，有婆娑起舞者，有拍手相和者，有鼓弄乐器者，有持笙登级者。轩后屋中两人正在整装。

阶下6人在围观地下一摊花草，同做斗草的游戏，其余两人正匆匆赶来。上方门内两人却罢琴卧地读谱。正屋一大群人，弈棋、熨练、刺绣、弄儿，各有所事。阶下6人，捧壶携器闲谈。左厢两人弄乐。再左正屋中一人似后妃。另有10余人拱卫侍从。最后宫女一人扑蝶于柳梢。柳外宫墙，男卫4人，分立于宫墙的内外。最后于一组女乐处分为上下两辑，合为一卷。

全画构景繁复，画工精细，色彩雅丽。用笔清劲而赋色妍雅，林木、奇石与华丽的宫阙穿插掩映，铺陈出宛如仙境般的瑰丽景象。除却美女群像之外，还融入了琴棋书画、鉴古、莳花等休闲活动。

《汉宫春晓图》画工精细，色彩雅丽，是"明四家"仇英最具有影响力的作品。此图不仅是仇英平生得意之作，在我国重彩仕女画中也独树一帜，独领风骚，诚为仇英历史故事画中的精彩之作。

开创娄东画派的王时敏

王时敏（1592年—1680年）初名赞虞，字逊之，号烟客，自号偶谐道人，晚年号西庐老人等。江苏省太仓人。明末清初著名画家。王时敏开创了山水画的"娄东派"，为"清六家"之首，具有影响性。

王时敏的传世作品有《云壑烟滩图》《落木寒泉图》《仙山楼阁图》《南山积翠图》《杜甫诗意图》《仿山樵山水图》《层峦叠嶂图》《秋山图》《雅宜山斋图》等，并著有《西田集》《疑年录汇编》《西庐诗草》等。其中的代表作品是《云壑烟滩图》《落木寒泉图》。

■ 山水画家王时敏画像

王时敏画作《仙山楼阁图》

画界巨擘

绘画名家与绝代精品

王时敏家世显赫，家学深厚。他的祖父王锡爵为榜眼及第，在万历朝曾任内阁首辅，富收藏，对宋、元名迹，无不精研。他的父亲王衡曾中榜眼，授翰林院编修，工诗文书法。

王时敏为王衡独子，祖父、父亲对其钟爱有加，并着力培养。王时敏自幼聪慧，工诗文，善书法，在绘画方面尤有天赋。王锡爵因而延请名家董其昌为其指导。

王时敏从描摹古人入手，尤其是学习黄公望的山水，刻意临摹。因祖父官居高位，他未经科考就出任尚宝司丞，升太常寺少卿，仍兼管尚宝司事。

王时敏淡泊仕途，更喜丹青，于1632年称病辞官，隐居西田别墅，潜心创作。清军南下后，王家归顺，得以保全家业。

这时王时敏仍然隐于山林之中，专注绘画，并培养子孙辈学业。后卒于家中。

王时敏在董其昌的指导下，自幼就走上了摹古的道路，并且在日后的不断积累和研习中，渐渐形成了他的思想理论上的原则，认为"摹古是绘画的最高原则"。他力追古法，刻意师古，作画无一不得古人精髓。

王时敏早年多临摹古画，均按宋元古画原迹临写而成，笔墨精细淡雅，已见临摹功力。他早、中期的画，风格比较工细清秀。至晚年，以黄公望为宗，兼取董其昌等诸家，更多苍劲浑厚之趣。

暂且不论他在我国山水画史上的地位如何，单其"摹古"思想，就有些缺乏对造化的真切感受，这也对后来中国画的发展产生了影响。

王时敏的出现，还为"娄东画派"的崛起奠定了坚实的基础，并成功开创了"娄东画派"。以他为首的娄东画派声势浩大，左右艺林，以至在整个清朝画坛占有统治地位，影响深远，为后人景仰。

有人以地域划分，把太仓人王时敏、王鉴、王原祁及其传人称为"娄东派"。

■ 《云壑烟滩图》

娄东派 一称"太仓派"。中国画流派之一。山水画家王原祁，继其祖父王时敏家法并仿黄公望法，娄江即浏河，东流经过太仓，故称"娄东派"。此派崇古保守的画风与"虞山画派"相依托，对后世影响颇大。

高克恭 （1248年—1310年），字彦敬，号房山，大同，即今属山西省人。他是元代画家。"元四家"之一。善画山水、墨竹。初学米芾父子，晚年糅合李成、董源等多家风格而自成一家。《云横秀岭图》是高克恭山水画代表作。尤以烟雨林峦的描绘最为精绝。

■ 王时敏画作《落木寒泉图》

王时敏的作品在中国画海中是一朵瑰丽的奇葩，传世作品有《云壑烟滩图》《落木寒泉图》等。

《云壑烟滩图》画面中山体众多，水墨淋漓，点苔细密。近处水域曲曲折折，一桥横卧其上。几棵高大的阔叶树长在土丘上，似在守护屋舍；屋舍周围一片寂静。作品纵深之处，山体呈"S"形走势，向上直插云霄。

乍观此画，可谓"势"不可当。仔细品读，就会发现陡立的山势和画家所用的圆浑的笔墨不甚协调。画家似乎要表现千仞耸立之势，可山上过多的苔点、墨点却给人一种圆润感。不过，这些细密的苔点和墨点又使画面富有生机。

从这幅《云壑烟滩图》中，我们能看出王时敏的绘画风格。此图干笔、湿笔互用，既皴染又施墨，用笔学黄公望而间用高克恭皴笔，用笔清秀，意境疏简，使作品苍浑而秀润。

此外，秀润的用笔又浸润着董其昌的笔韵。董其昌是王时敏的启蒙老师，两人可谓忘年之交。王时敏的作品大都带有董其昌的风格。

《落木寒泉图》为仿元代倪瓒笔意所写的太湖岸边景致。近景画一水边坡地，碎石重叠；中景为置于画面右侧的较高山峰；山后远景为一空旷的水面，中间有一带远山横向伸展。整个气象显得寂静潇疏，颇有清爽的秋凉之意。

在画法上，此图追踪倪瓒，山石树木勾勒用干笔正锋侧出，转折处露锋芒而笔墨浑然，但点叶与小树画法仍近黄公望笔意。画中运用折带与披麻相结合的笔法，清劲宽和，温雅平淡，多用干笔淡墨。

这件仿倪瓒而作的山水，不仅拟其笔法笔意，更在其中透现出了倪瓒之画中潇疏清凉而略带荒寒的意境，同时又具有王时敏温雅的气质。此图苍厚蕴藉的风致，是王时敏晚年之作的典型面貌。

■ 王时敏画作

阅读链接

清康熙年间江苏苏州人吴升是《大观录》一书的编者，他与当时的大画家王时敏等人交往良久。

吴升将平生眼见名著书名画，择其精要，详细记录，所收录的作品上自魏晋下至明代，共有六七百件之多。此书为研究法书名画的流传承绪提供了可贵的第一手材料。

在当时，王时敏与吴升晨夕研搜翰墨，评论丹青，共同探讨古今各作笔墨之高下，吴升对史料的筛选和认定，很多意见都来自王时敏。可见王时敏知识渊博，在这一过程中他功不可没。

世人瞩目的画僧髡残

　　髡残（1612年—1692年），本姓刘，出家为僧后名髡残，字介丘，号石溪、白秃、石道人、残道者、电住道人。湖广武陵，即今湖南省常德人。清代画家。与石涛合称"二石"，又与朱耷，弘仁，石涛合称为"清初四画僧"。

　　擅长画山水。在明末遗民中享有很高的声望，他的画也为世人所瞩目。存世作品有《层岩叠壑图》《苍翠凌天图》《卧游图》《报恩寺图》《云洞流泉图》和《雨洗山根图》等。

■ 清代画家髡残画像

■ 《幽栖图》

　　髡残幼年丧母，自幼就爱好绘画，20岁时削发为僧，云游名山。30余岁时明朝灭亡，他参加了南明何腾蛟的反清队伍，抗清失败后避难常德桃花源。

　　战争的烽火迫使他避兵深山。艰险的丛林生活虽使他吃尽了苦头，但给了他一次感受大自然千奇百怪的好机会，充实了胸中丘壑，为后来的山水画创作积累了丰富的素材。

　　髡残天资高妙，性情直率，崇尚气节。他宗法黄公望、王蒙，绘画基础出于明代的谢时臣，其技法直追"元代四大家"，上及北宋的巨然。

　　髡残擅长画山水，笔墨苍茫，峰峦浑厚，风格雄奇磊落。构图繁复重叠，境界幽深壮阔，笔墨沉酣苍劲，以及山石的披麻皴、解索皴等表现技法，多从王蒙变化而来；而荒率苍浑的山石结构，清淡沉着的浅绛设色，又近黄公望之法。

　　他还远学五代董源、巨然，近习明代董其昌、文

常德桃花源 位于湖南省常德。桃花源景区始建于晋代，至唐宋时发展到鼎盛阶段，在元代时毁于战乱，明清以后又开始复兴。历代以来，文人墨客曾在这里驻足，有的留下真迹，如孟浩然、李白、韩愈、苏轼等大文豪都曾到过这里并留下墨宝。

髡残作品《层岩叠壑图》

徵明等，兼收并蓄，博采众长。

髡残在学习传统基础上，重视师法自然。他主观的情感、性灵与客观的景物、意境相感应、交融，使其山水画景真情切，状物与抒情成为一体。

所作山水画，在平淡中求奇险，重山复水，开合有序，繁密而不迫塞，结构严密，稳妥又富于变化，创造出一种奇辟幽深，引人入胜之境，生动地传达出江南山川浑厚华滋的情调。

髡残作画喜用干笔、秃毫，苍劲凝重，干而不枯，并以浓淡墨色渲染，使得笔墨交融，形成了郁茂苍浑、酣畅淋漓的情趣，使画面产生雄浑壮阔，纵横蓬勃的气势。

最能代表髡残的山水画成就的是《层岩叠壑图》和《苍翠凌天图》。

髡残在《层岩叠壑图》左上角自题五言诗一首。整幅画展现了髡残极具个性的绘画风格，是代表髡残成熟画风的杰作。

画中绘一峰高耸，山峦层

叠，悬崖壁立，白云缭绕，有泉自幽谷崖间喷涌，飞溅，顺势而下，涓涓细流，至山脚汇成溪池。水边亭榭横竖，坡岸林荫下有茅屋，堂上主客席地而坐，侃侃而谈。

有小径曲折蜿蜒上山，沿途有茅亭、凉棚，山上则楼舍密集，寺观森严。

画之上方，远望去，有滔滔江水，无边无际，风帆移动，远岫隐约。"高远"与"深远"兼施，略似"Z"形的构图，布置繁密，却脉理清晰。

他以浓墨、秃笔作干笔的勾、皴、点、擦，然后层层烘染，墨色苍厚，似是取法于王蒙，但勾、皴简率，而敷以重赭色，则有黄公望意味。

髡残作品《苍翠凌天图》

总之，景物繁复，笔墨苍莽，境界奇倔，气韵浑穆，依然是髡残自家法、独家法。展现了石溪极具个性的绘画风格，是代表石溪成熟画风的杰作。

《苍翠凌天图》也是髡残的代表作品之一，代表了髡残的绘画成就。另外，此画也是清代山水画的代表作品。在《苍翠凌天图》中，崇山层叠，古木丛生，近处茅屋数间，柴门半掩，远方山泉高挂，楼阁巍峨。

画中两楹小屋坐落于古树掩映之中，屋前轻岚浮动，山道自此处始，清泉及此处止。在这山水的交汇处，一道人凭几而坐，享受着这个平和而无欲的境界。画中的道人正是作者本人，作者也正是在这种境界中达到领悟的。

此画笔墨沉着，山石树木用浓墨描写，先以湿笔淡墨，后以干笔深墨层层皴擦，苍茫浑厚，似有元人王蒙的面貌。又以赭色勾染，凝练圆浑、简洁空灵，焦墨点苔，远山峰顶，以少许花青勾皴，山势层峦重叠，顾盼、朝揖、宾主、向背分明。间以烟云迂回其间，使全画密而不塞，意境深幽，峰峦浑厚，笔墨苍茫。

前景树石之后一片轻岚，空灵静寂，是全画的精神所在，不仅衬托着前景松树的兀立，也为画中的中心人物的安置特别创造了一种静谧的气氛。

画中曲折的山道若隐若现，沟通了整个画面，从高处款款流下的一股清泉时断时续使全画充满着动感。整幅画描绘了一个平和而无欲的境界。髡残正是在这种境界中达到领悟的。

画界巨擘
绘画名家与绝代精品

阅读链接

名僧檗俗名熊开元，和髡残是湖广同乡，长髡残13岁，又是前辈，性情相合，成为好友。

据《蕙榜杂记》中记载：熊开元为僧后和朋友游钟山，髡残不肯去，熊开元回来，髡残问他们今天到明太祖的孝陵是怎样行礼的？

熊开元随便答道："佛之道，于君父不拜。"髡残大怒，叱骂不停口。

第二天，熊开元向髡残谢过，髡残说道："不必向我认错，你去向孝陵磕几个头忏悔一下吧！"

这个故事既说明髡残的气节，又说明他性情耿直。

一代国画宗师石涛

　　石涛（1642年—约1707年），原名朱若极，小字阿长，后削发为僧，更名元济、超济，自称"苦瓜和尚"，常用别号"大涤子""清湘遗人""零丁老人"等。广西人，晚年定居扬州。清代画家、国画一代宗师、书画理论家。书法工分隶，并擅长诗文创作。

　　石涛与弘仁、髡残、朱耷合称"清初四高僧"。现存世作品有《搜尽奇峰打草稿图》《莲社图》《淮扬洁秋图》《惠泉夜泛图》《山水清音图》《细雨虬松图》《梅竹图》《墨荷图》《竹菊石图》《竹石图》等。还著有《苦瓜和尚画语录》。

■ 国画宗师石涛自画像

■ 石涛绘画作品

石涛原名朱著极,是明代皇族,刚满10岁时即遭国破家亡之痛,削发为僧,改名石涛。他因逃避兵祸,四处流浪,得以遍游名山大川,饱览山川之胜,进行作画写生,领悟到大自然一切生动之态。

至康熙时期,画名已经传扬四海。石涛不甘寂寞,从远离尘嚣的安徽敬亭山来到繁华的大都市南京,与上层人物交往比较密切。康熙南巡时,他曾两次在扬州接驾,并奉献《海晏河清图》。

晚年以卖画为生,并自还俗后,又有家口之累,故其晚年作品相当丰富。《苦瓜和尚画语录》是其一生实践与求索的理论结晶。

石涛从画完12帧书画《设色山水册》之后,画迹不再出现。

石涛在绘画艺术上的成就极为杰出,由于他饱览名山大川,搜尽奇峰,落笔绘画,形成自己苍郁恣肆的独特风格。

他善用墨法,枯湿浓淡兼施并用,尤其喜欢用湿笔,通过水墨的渗化和笔墨的融合,表现出山川的氤氲气象和深厚之态。有时用墨很浓重,墨气淋漓,空间感强。

他在技巧上运笔灵活,或细笔勾勒,很少皴擦;

或粗线勾斫，皴点并用。有时运笔酣畅流利，有时又多方拙之笔，方圆结合，秀拙相生。

他构图新奇，无论是黄山云烟，江南水墨，还是悬崖峭壁，枯树寒鸦，或平远、深远、高远之景，都力求布局新奇，意境翻新。

他善用"截取法"，以特写之景传达深邃之境。他还讲求气势，笔情恣肆，淋漓洒脱，不拘小处瑕疵，作品具有一种豪放郁勃的气势，以奔放之势见胜。

他曾经在《苦瓜和尚画语录》中阐述了他对山水画的认识，提出"一画说"，主张"借古以开今"，"我用我法"，和"搜尽奇峰打草稿"等，在我国画史上具有十分重要的意义。

石涛绘画及其理论对"扬州画派"影响很大，使清代中叶大写意花鸟画出现了一个新的局面。

石涛的山水画为我国国画向近、现代的发展作出了重要的贡献，直接影响到了近现代画家吴昌硕、齐白石、傅抱石、潘天寿、刘海粟、张大千等人，他们莫不从石涛艺术中汲取营养并加以发展，而又各具面貌，可以说石涛对我国绘画的发展与绘画理论的丰富作出了巨大的贡献。

"清六家"之一的王原祁就把石涛誉为"大江以南第一"。此外，他还被看成清代以来300年间画

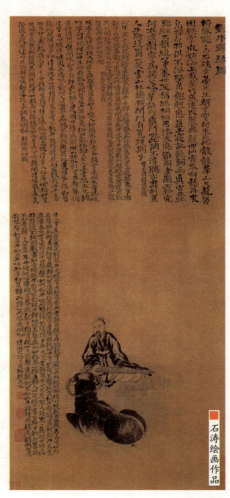

石涛绘画作品

■ 《莲社图》

坛第一人。

石涛擅山水、花卉，也擅人物。目前我们所见到的他的人物画，一类如《自写种松小像》《睡牛图》等，造型古拙，形象生动，线条圆润自如，受明末画家丁云鹏影响而自成面貌，造诣很高。

另一类如《松柯罗汉图》《钟馗图》《观音图》等，笔墨可观，但画得较粗简飘逸。而他的代表作则是他青年时期的工笔人物画《莲社图》。

《莲社图》画的是晋代高僧惠远等在庐山白莲池畔结社参禅的故事。

人物占的位置和比重突出，对面目、服饰的细节描写具体，生动传神，线描瘦挺缜密但圆熟。山石的画法，也显得老到而有力度，烘染更大胆湿润，凸现了人物在画中的地位，使之与周围的环境融洽。

王原祁（1642年—1715年），字茂京，号麓台、石师道人，江苏省太仓人，王时敏孙。以画供奉内廷。擅画山水，继承家法，学元四家，以黄公望为宗，喜用干笔焦墨，层层皴擦，用笔沉着，自称笔端有金刚杵。主张好画当在不生不熟之间，自出心裁，不受古法拘束，书卷之气盎然纸墨外。

《莲社图》的款识前后共两处，一为画成时的落款，"湘源石涛济道人敬画"题在卷首右下方。一为乙酉年即1705年重题的长跋，书自己的画语。

从款字的笔法及字号的用法上可看出两题并非出于同时。这种落款形式在石涛的早中期作品如故宫博物院所藏他庚申仲秋画的《山水图册》、上海博物馆藏的辛酉七夕所画《山水花卉》册中都偶能一见。

不过在石涛的晚年，他的"湘源"被改成了"清湘"，成为了人们习见的石涛字号，"湘源"反不为大家所熟知了。款字的书写特征这一不为人熟知的早年别号，为后来鉴定《莲社图》提供了又一可靠的依据。

总之，从画风的时代特征、年龄特征、性格特征等多方面考证，《莲社图》卷无疑是石涛的真迹，是一幅他青年时代的精心杰作，是我国美术史不可忽视的传世佳作。

除了《莲社图》以外，这里再介绍一下石涛的《淮扬洁秋图》和《山水清音图》。

《淮扬洁秋图》描

■ 《淮扬洁秋图》

《山水清音图》

绘的是淮扬秋景。画面上秋水茫茫，芦苇丛生，近处有掩映在树丛中的数间屋舍。几点红枫增加了秋天的气息，江面上一叶孤舟，一渔翁泛舟水上，使画面平添了许多超然之感。画中河岸呈月牙形，占据了画面的二分之一左右，河滩上的芦苇与之相向，构成呼应之势。

石涛在这幅画中运用了特有的"拖泥带水皴"，连皴带擦，浓淡、干湿并用，描绘出湿润沃疏的质感。画中房屋用粗笔，芦苇用细笔，形成生动对比。

满幅画洒落的浓墨苔点，吸收采用了董源一派的皴法点土石，配合着尖笔剔出草丛，使整个画面萧森郁茂，苍莽幽邃，体现了一种豪情奔放的壮美。

石涛的另一幅作品《山水清音图》不作上留天、下留地的程式化构图，而是截取崇山峻岭之一段，通天贯地，布满整个画面。作品一变三重四叠之法，以构图新奇见长。

在这幅画上，石涛运用了他最擅长的"截取法"，在丛林中截取了幽阁深藏的一段景致，以特写的手法绘出，虽则画的是一段小景，却传达出一种深邃的意境。

画家的笔墨画法多变，善于用墨，这幅图上墨气浓重滋润，湿笔较多，通过水墨的渗化和笔墨的融合，使山林的清润深幽被尽致地表现出来。

这幅画中画了丛林中的一处幽阁，水边坡上有小亭翼然，其下幽篁密布。用笔劲利沉着，用墨淋漓泼辣，山石以淡墨勾皴，用浓墨、焦墨破擦，多种皴法交织互施，带光带毛，夹水夹墨，颇得生动节奏之效。

整幅画笔与墨会，混沌氤氲，化机一片。特别是那满幅洒落的浓墨苔点配合着尖笔剔出的丛草，使整个画面萧森郁茂，苍莽幽邃，有一种豪情奔放的壮美。

可见石涛山水中的点，是构成画面气势和韵律的关键。

阅读链接

一天清早，石涛路过全州城黄老板的米店，听到夫妻两人大声争吵，侧身细听，才知米店钱财被雇工盗走。

石涛问明雇工情况后，吩咐黄老板拿来笔墨纸砚，刷刷点点，不一刻，一个活生生的雇工人像便跃于纸上。黄老板惊叹不已，赶紧拿着画好的画像报官。

全州知州接到报案后，让衙役拿着画像火速赶往各地关隘守候。时隔不久，衙役将盗贼擒获。石涛画像寻盗之事传扬开来，在全州城里一时成为人人称道的美谈，并流传至今。

清宫洋人画家郎世宁

郎世宁（1688年—1766年），原名为朱塞佩·伽斯底里奥内。生于意大利米兰。天主教耶稣会传教士。于1715年来到我国，不久进入宫廷供职。在宫中的郎世宁，画了大量的肖像画和花鸟画，并向我国的宫廷画家传授欧洲的绘画技法，他是宫廷绘画"中西合璧"画风的重要画家，对近代国画的发展作出了重要的贡献。

郎世宁的代表作品有《百骏图》《郊原牧马图》《孔雀开屏图》《嵩献英芝图》《聚瑞图》《弘历及后妃像》《平定西域战图》和《哈萨克贡马图》等。其中的《百骏图》是"我国十大传世名画"之一。

■ 宫廷画家郎世宁画像

郎世宁19岁入热那亚耶稣会，不久即运用他的艺术才华为该市修道院内小教堂绘了两幅宗教画。那时欧洲知识分子对中国文化极为向往，年甫弱冠的郎世宁就请求该会派他前往中国。

1715年，郎世宁以传教士的身份远涉重洋来到我国，被重视西洋技艺的康熙皇帝召入宫中，从此开始了长达50多年的宫廷画家生涯。

在绘画创作中，郎世宁融中西技法于一体，并形成了精细逼真的效果，创造出了新的画风，因而他深受清代三朝皇帝的器重。尽管如此，洋画家郎世宁也必须遵守作画前绘制稿本，待皇帝批准后才能"照样准画"的清宫绘画制度。

郎世宁还将欧洲的绘画技法传授给我国的宫廷画家，使得清代的宫廷绘画带有"中西合璧"的特色，呈现出不同于历代宫廷绘画的新颖画貌和独特风格。

郎世宁在宫廷内作画，获得了许多荣耀，不但超过了其他欧洲传教士画家，而且令众多供奉宫廷的我国画家也无法望其项背。

由于郎世宁带来了西洋绘画技法，向皇帝和其他宫廷画家展示了欧洲明暗画法的魅力，他先后受到了康熙帝、雍正帝、乾隆帝的重用。

郎世宁的绘画，人物、肖像、走兽、花鸟、山水

■ 郎世宁《弘历雪景行乐图》

肖像画 人物画的一种。专指描绘人物形象之画。可分头像、半身像和全身像等。我国肖像画传统称传神或写真，它是以客观存在的人物为描绘对象，通过以形写神等创作方法，着重刻画人物本身特定的外形特征和内在神韵，获得形神兼备的效果。

无所不涉、无所不精，成为雍正帝、乾隆帝时宫廷绘画的代表人物。

虽然郎世宁的宫廷画可谓中西合璧，实际上主要的画法还是西方的，只是根据我国人的审美习惯在光线利用上进行了调整。欧洲的肖像画，比如荷兰的伦勃朗，经常将人物置于侧光环境中，人脸就会半明半暗，但这在当时，我国人是接受不了的，认为是"阴阳脸"，被画脏了脸。

郎世宁就借鉴我国人像写真，让人脸尽量接受正面光，避免侧面光，同时在人物的鼻翼两侧、鼻子、脖子下，稍稍加重，这样五官就更清晰、立体。郎世宁对于透视法在我国的引进也起了很大作用。

从郎世宁一生的业绩来看，他的主要贡献在于大胆探索西画中用的新路，熔中西画法为一炉，创造了一种前所未有的新画法、新格体，堪称"郎世宁新体画"。

郎世宁来到我国后，仔细研习了我国画的绘画技巧，他画的我国画具有坚实的写实功力，流畅地道的墨线，一丝不苟的层层晕染，外加无法效仿的颜色运用，中西合璧，焕

■ 郎世宁作品《乾隆皇帝大阅图》

然一新，以其独创的新画体博得了皇帝的赏识和信任。

从现存的郎世宁亲笔画迹来看，它既有欧洲油画如实反映现实的艺术概括，又有我国传统绘画之笔墨趣味，确有较高的艺术感染力。

郎世宁以严谨扎实的写实功底、注重明暗效果的绘画特色，以及作品整体上浓厚的欧洲绘画风格和情调，对于欧洲肖像画绘画方法的传播起了极为主要的作用，也确立了自己在宫廷画师中的地位。

■ 郎世宁乾隆元年
画作《贵妃》

郎世宁的徒弟先后共有10多人，在乾隆画院内形成了实力雄厚并得到皇帝信任的郎世宁新体画集团。

此外，郎世宁还把欧洲铜版画带入我国。铜版画的制作要求精致细腻，故耗费人力物力较多，在欧洲也被视为名贵艺术品。乾隆时由郎世宁为主创作的《平定准部回部战图》则是铜版画的佳作。

此后，清宫廷仿照《平定准部回部战图》又绘制了一系列表现征战场面的铜版画。这些画幅是根据郎世宁等人所传授的铜版画技法而制作的，可以视为我国最早的铜版画作品。

清代第一套战图《平定准部回部战图》，共16

铜版画 是欧洲版画的一个品种，距今已经有近600年的历史，指在金属版上用腐蚀液腐蚀或直接用针或刀刻制而成的一种版画，属于凹版。因较常用的金属版是铜版，因而得名。铜版画在康熙年间传入我国。在我国，铜版画指的就是凹版版画。

幅，是郎世宁奉命与西洋传教士画家共同起稿完成的。它描绘了清兵平定西北战事的主要战线及其始末，是一套有关战史的组画。

根据郎世宁的建议将图稿分批寄往法国巴黎，聘请著名雕刻家刻成铜版画，压印200份，寄回宫廷。这套铜版组画具有极其浓厚的西洋风味，成为中外博物馆的珍藏品。

虽然郎世宁的绘画并不能代表那时欧洲绘画的最高水平，但是，他善于采纳我国绘画技巧而又保持西方艺术的基本特点，融我国工笔绘法和西洋画三维要领为一体，从而形成了自己独有的风格，创作了新的画风。

郎世宁是一位艺术上的全面手，他的《百骏图》《郊原牧马图》

《孔雀开屏图》《聚瑞图》和《哈萨克贡马图》等所表现的风格影响深远，在一定程度上达到了西方文化和我国文化的汇通，同时也代表了当时宫廷的主流画派及宫廷艺术品位。

《百骏图》稿本共绘有100匹骏马，姿势各异，或立，或奔，或跪，或卧，可谓曲尽骏马之态。画面的首尾各有牧者数人，控制着整个马群，体现了一种人与自然界其他生物间的和谐关系。

在表现手法上，郎世宁运用欧洲的明暗对照法，使马匹的立体感十分强，用笔细腻，注重于动物皮毛质感的表现。他是以细密的短线，按照素描的画法，来描绘马匹的外形、皮毛的皱褶和皮毛下凸起的血管、筋腱。或者利用色泽的深浅，来表现马匹的凹凸肌肉，与我

■ 郎世宁作品《孔雀开屏图》

画界巨擘

绘画名家与绝代精品

留白 指书画艺术创作中为使整个作品画面、章法更为协调精美而有意留下相应的空白，让留有想象的空间。国画中常用一些空白来表现画面中需要的水、云雾、风等景象，这种拉法比直接用颜色来渲染表达更含蓄内敛。

国传统绘画中的马匹形象迥然有别。

《百骏图》充分展现了欧洲明暗画法的特色，为中西绘画艺术的交流和融通创立了范本，是郎世宁平生百余幅马作品中的杰作。

《郊原牧马图》又称《八骏图》，画面上八匹骏马散放于郊外旷野之中，或卧，或立，或吃草，或嬉戏，自在悠闲，放牧者在树下休憩观望。

放牧题材的画作不是对单匹马的写生，而是融汇了各种马匹的形象，所以在创作过程中画家更能充分地发挥想象力，使马匹显得活泼自然、生动有趣。

画家借助了西方追求如实表现物象体积感和立体感的绘画技巧，将马的各种姿态刻画得活灵活现，甚至连毛发的光泽也清晰地呈现在观者眼前，令人有呼之欲出之感。

这是我国艺术史中以郎世宁为首的"海西画派"所独有的艺术风格。

画中背景的树木、山石、花草全用明暗变化来表现形态，由此判断该画应是郎氏在雍正年间所创作，因为至乾隆时期，在郎世宁的绘画中往往自己仅画出人物、鞍马，背景则由我国画家补绘。

自古以来，马是社会贤良的象征，封建帝王命宫廷画家以马为题材进行创作寓意着尊重社会栋梁、求贤若渴的殷切希望。郎世宁以"八骏"入画，有为君主歌功颂德、彰显威仪的含义。

《孔雀开屏图》表现了繁花盛开的庭院内，一只雄孔雀正展开美丽的尾羽，向另一只雄孔雀炫耀。

这是一幅充分表现中西绘画技法融为一体的作品。山石采用我国传统的"青绿山水"画法，并细加点苔，树木枝干以及孔雀的身体又采用欧洲的明暗对照法，以突出立体感和细部的结构变化。

牡丹花采用我国传统工笔画法，而玉兰和海棠却又采用西方绘画的明暗变化，叶片上有彩影的折射，质感突出。地面也以色彩全部铺满，不似传统技法中的留白，空间上透视感强。

《聚瑞图》现藏于上海博物馆。郎世宁先后画过两幅《聚瑞图》轴，在此所选的即是后一幅作品，前一幅藏于我国台湾。

在我国台湾的那幅《聚瑞图》上，郎世宁虽用的是我国画的颜料、技法，但却强调了造型的立体感及质感，尤其加入了西方绘画中所强调的光影变化，本质上更接近于西方静物画。

而上海博物馆的《聚瑞图》则

静物画 即以相对静止的物体为主要描绘题材的绘画。这种物体必须是根据作者创作构思的需要，经过认真的选择，经过精心的摆布和安排，使许多物体在形象和色调的关系上，都能达到高度表现，总的谐和，能传出物象内在的感情。

■ 画家郎世宁作品《聚瑞图》

遵循我国传统工笔重彩花卉技法，淡化了光的明暗变化，以颜色的深浅来体现层次感和空间感。但在青瓷花瓶的描绘中，加入了高光来强调花瓶晶莹圆润的质感，是一幅中西结合的佳品。

《哈萨克贡马图》描述西部民族的哈萨克人向乾隆献贡马，表示效忠满清王朝。皇帝镇静的面孔，线条精确微妙。乾隆坐在屏风前的平台上，四周围着有限的几个人。

此画构图与其说是东亚不如说是欧洲绘画的传统。画卷显然不是依次分段铺开，而是整体展现，以求真切的视觉效果。马匹也按西方现实主义手法描画。郎世宁在这方面实为高手，显得空旷的环境，烘托出骏马是如此强壮。马身立体描绘分外出色，色彩层次过渡令人简直毫无察觉。

画中的景物，岩石、树木、青苔，水墨线条犀利，着色错落，无疑是国画的表达方式。人物面部用细腻对比笔法描画，显示出稜光效果。这种西方常见的技巧用在长纤维纸上，效果异常鲜明。

郎世宁以惊人的艺术表达能力，创造了大量具有高度的历史价值和艺术价值的作品，也使清代宫廷画的数量与水平远超前代。这些绘画以精彩的笔墨记录了我国辉煌的历史，并栩栩如生地表现了当时盛世的恢宏。

阅读链接

郎世宁在宫廷内作画，获得了许多荣耀，超过了许多其他欧洲传教士画家和我国画家。但郎世宁在为我国皇帝服务时，其身份仅是一个宫廷画家而已，并无特殊的优待。

他的欧洲伙伴王致诚曾在写往欧洲的信件中说起他们作画的情形："吾人所居乃一平房，冬寒夏热。视为属民，皇上恩遇之隆，过于其他传教士，但终日供奉内廷，无异囚禁……作画时颇受掣肘，不能随意发挥。"其作画场所及条件都十分艰苦，郎世宁的荣誉可见来之不易。